त्योहारों पर निबंध
(COLOR)

विवेक कुमार पाण्डेय शंभुनाथ

Copyright © Mr Vivek Kumar Pandey Shambhunath
All Rights Reserved.

ISBN 978-1-63997-244-9

This book has been published with all efforts taken to make the material error-free after the consent of the author. However, the author and the publisher do not assume and hereby disclaim any liability to any party for any loss, damage, or disruption caused by errors or omissions, whether such errors or omissions result from negligence, accident, or any other cause.

While every effort has been made to avoid any mistake or omission, this publication is being sold on the condition and understanding that neither the author nor the publishers or printers would be liable in any manner to any person by reason of any mistake or omission in this publication or for any action taken or omitted to be taken or advice rendered or accepted on the basis of this work. For any defect in printing or binding the publishers will be liable only to replace the defective copy by another copy of this work then available.

भारत को सांस्कृतिक और पारंपरिक त्योहारों के देश के रूप में जाना जाता है। भारत में हर महीने त्योहारों का आनंद लिया जा सकता है। प्रत्येक उत्सव को अलग-अलग रीति-रिवाजों, विश्वासों और इसके पीछे के महत्वपूर्ण इतिहास के अनुसार अलग-अलग तरीकों से मनाया जाता है।

क्रम-सूची

भूमिका	vii
1. क्रिसमस पर निबंध	1
2. रक्षाबंधन पर निबंध	5
3. दीपावली पर निबंध	8
4. होली पर निबंध	13
5. दुर्गा पूजा पर निबंध	18
6. दशहरा पर निबंध	23
7. पोंगल पर निबंध	27
8. ओणम पर निबंध	32
9. ईद पर निबंध	37
10. गणेश चतुर्थी पर निबंध	40
11. जन्माष्टमी पर निबंध	45

• v •

भूमिका

MY NAME IS VIVEK KUMAR PANDEY . I WAS BORN IN 30 SEP 2002,I AM FROM SURAT GUJARAT INDIA.MY DREAM WAS TO BE GOOD WRITERS ,MY FAMILY SUPPORTED ME TO SUCCESSFUL AND I CAN DO IT MY SELF.How do I write? That is a question, I believe, that cannot be honestly answered by me."CELEBRATING YOUNGEST WRITER AWARD WINNER IN GUJARAT 1ST RANK" MR PANDEY JI . I may think I did a good job writing something when in reality it could be horrible. The reader is the one who decides the quality of my writing. I do not find writing to be natural to me and therefore find it to be a real challenge. My trick as a challenged writer is to do the best I can and know that I am happy with the final outcome. It may take a while to do my best and there may be quite a few problems I run into along the way.

I am not a greedy person those who are thinking about me and my self I never tried it anyone people suffering from sadness ,I trying to get promoted people suffering from happiness and joy in your Life Time. Now in current situation in India and also world people are unemployed and have no many but our indian governor help to people to get free food from ration card , i also take part in leadership team ,i am Motivational speaker , Film script writer. There was my two dream firstly writer and secondly actor & also my own film is upcoming soon i done almost completely completed script for my film .I AM GOING TO SAY WORD OF HEART TOUCH OUT PLEASE READ IT" , firstly i thanks my father he supports me in this field they always getting inspired me by own his words and behavior ,they always said that he was a biggest person in the world in future and also they purchase fruit and chocolate for me in anytime & anyway , firstly my father buy him then call me Vivek you want a chocolate i will say yes papa but how many tell me ,papa: you tell me how much i buy him i told 1 or 2 chocolate but my father purchase whole the boxes of chocolate and they get suprised me. MY FATHER WAS BORN IN " 20 SEPTEMBER" 1971

भूमिका

IN INDIA.

1) MY FATHER FAVORITE CLOTHES IS KURTA PAIJMA AND ALSO STYLES SHOE
2) FAVORITE SINGER IS KISHORE DA
3) FAVORITE STATE GUJARAT AND KOLKATA , HIS VILLAGE IN BIHAR
4) FAVORITE COLOR BLACK AND WHITE

THEY ALSO LOVE cricket like IPL and one day t-20 .they also like watching a News daily and heard the song daily ,they also interested in tik tok video but in current time tik tok is banned in india but also few videos are in you tube. In lockdown time my family and me very enjoy day daily. my father play daily ludo with his sister and son, daughter.they always loved tea and coffee anytime call me "। विवेक थोड़ा चाय बनाओना विवेक तुम्हारे हाथ का चाय अच्छा लगता है". I make it tea for my father but some reason after the April to june they are suffering from fever and cough , weakness on 6 June 2020 my father death. they not told me say bye bye his life. After death of 6 June on 10 june my mom and dad anniversary.but my father is Best in the world they can do anything for me please take care of father and respect it of your parents

1

क्रिसमस पर निबंध

क्रिसमस पर निबंध

भूमिका : संसार में कुछ त्यौहारों को महान पुरुषों के जन्म दिवस के रूप में भी मनाया जाता है। बड़े दिन को ईसा मसीह के जन्मदिन के रूप में मनाया जाता है। धरती पर प्रभु यीसू के जन्म की खुशियों में यह पर्व सारे विश्व में मनाया जाता है। दीन-दुखियों के दर्द को समझने वाले इस महान पुरुष के जन्मदिन को 25 दिसम्बर को मनाया जाता है।

तात्पर्य व स्वरूप : प्रभु यीसू के जन्मदिन को बड़ा दिन या क्रिसमस के रुप में मनाया जाता है। अगर देखा जाये तो यह दिन महत्व की दृष्टि से सबसे बड़ा होता है। बड़े दिन की महिमा बहुत ऊँची होती है इसी वजह से इसे बड़ा दिन कहा जाता है। आज के दिन प्रभु यीसू का जन्म होने की वजह से यह दिन सबके लिए बहुत सौभाग्य का दिन था। इस दिन को पूरे संसार में बहुत ही हर्षोल्लास के साथ मनाया जाता है।

बाइबल की कथा : बाइबिल की कथा के अनुसार नाजरेथ नगर में एक युसूफ नामक के व्यक्ति रहते थे। उनके साथ मरियम नामक लडकी की सगाई हुई थी। एक दिन सपने में एक दूत ने मरियम से कहा था कि आप पर प्रभु की कृपा है। आप गर्भवती होंगी और एक पुत्र को जन्म देंगी जिसका नाम ईसा रखा जायेगा।

वे बहुत महान होंगे और उन्हें प्रभु के पुत्र के नाम से जाना जायेगा। कुछ समय के बाद वहां के शासक ने जनगणना का आदेश दिया था। जब युसूफ और मरियम वैतलहम में नाम लिखवाकर वापस लौट रहे थे तो मरियम को प्रसव पीड़ा होने लगी।

मरियम ने घोड़ों के तबेले में संसार के महान बालक ईसा को जन्म दिया था। वह चरवाहों का क्षेत्र था। वहाँ पर चरवाहे रात के समय अपने जानवरों की सुरक्षा के लिए जागे रहते थे। एक स्वर्गदूत ने उन चरवाहों से कहा कि वैतलहम में तुम्हारे मुक्तदाता ईसा मसीह का जन्म हो चुका है।

उसने कहा कि तुम्हे लड़का कपड़े और चीरना में लेटा हुआ मिलेगा। उसी को मसीह समझो। चरवाहे स्वर्गदूत से डर गये थे लेकिन उसकी घोषणा पर बहुत खुश हुए थे। वे सब उसी समय वैतलहम के लिए चल दिए उन्होंने मरियम, युसूफ और बालक को देखा था।

बालक का जन्म : एक बार राजा के आदेश से जनगणना के लिए मरियम और उसके मंगेतर युसूफ दोनों वैतलहम नामक शहर में आये। वहाँ के सभी सराय और घर भर चुके थे इसलिए मरियम को एक गरीब आदमी ने एक जानवरों के रहने के स्थान में जगह दी थी, उसी जगह पर यीसू का जन्म हुआ था।

इस तरह से यीसू का जन्म किसी राजमहल में नहीं हुआ था बल्कि एक ऐसी जगह पर हुआ था मनुष्य के रहने के लिए नहीं बल्कि जानवरों के रहने के लिए थी क्योंकि संसार के प्रभु ने गरीबी में जन्म लेना अच्छा समझा होगा। जिस दिन यीसू का जन्म हुआ था उस दिन आकाश में एक तारा उदित हुआ था।

यीसू को गरीबों का हित करके गरीबों के दर्जे को उपर उठाना था। इसी वजह से इस महान मानव के इस दुनिया में आने की ख़ुशी में 25 दिसम्बर को बड़े दिन के रूप में मनाया जाता है। लेकिन यह पर्व सिर्फ ईसाई ही नहीं बल्कि हर जाति और घर्म के लीगों के लिए बहुत ख़ुशी का दिन है।

नामकरण : जन्म के आठवें दिन उस बालक का नाम जीसस क्राईस्ट और यीसू रखा गया था वो बाद में ईसा मसीह जी के नाम से जाने जाने लगे थे। वह बालक दिव्य था। उस बालक ने सिर्फ 12 साल की उम्र में ही शास्त्रार्थ में बड़े-बड़े ज्ञानियों को परास्त कर दिया था।

ईसा मसीह जी के बहुत से साल पर्यटन , चिन्तन-मनन और ओ एकांतवास में बीते थे। कई सालों की अथक तपस्या के बाद ही ईसा मसीह जी अपनी शुद्ध आत्मा के साथ गलीलिया लौटे थे। ईसा मसीह जी का यश पुरे देश में सुगंध की तरह फ़ैल गया था। वे सभागारों के बीच ज्ञानवर्धक और शिक्षाप्रद उद्बोधन देने लगे थे।

दीन-दुखियों का सहायक : ईसा मसीह जी ने अनेक दुःखियों, रोगियों और पीड़ितों के दुखों को दूर किया था और उन्हें सांत्वना प्रदान की थी। ईसा मसीह जी ने अज्ञानियों को ज्ञान दिया था और अंधों को आँखें दी थीं। सभी लोगों ने इस बात

पर पूर्ण विश्वास कर लिया था कि ईसा मसीह जी प्रभु के पुत्र हैं।

ईसा मसीह जी ने अपने समय में अन्चारों और पापों से देश को मुक्त किया था और गिरजाघरों को भी पवित्र करवाया था। ईसा मसीह जी ने दूसरों के दुखों को दूर करने के लिए खुद को सूली पर चढ़ा दिया था। वे दूसरों को हमेशा खुश रहने की प्रेरणा देते थे। पाप तथा पुन्य के बीच के अंतर को भी उन्होंने बहुत ही अच्छी तरह से समझाया था।

विरोधी : जिस तरह से ईसा मसीह जी का प्रभाव बढ़ता जा रहा था इस बात से तत्कालीन राजा बहुत चिंता में पड़ गये थे। उन्होंने जलन की वजह से ईसा को अपराधी बनाकर सभा में पेश करवाया। सभाध्यक्ष ईसा को निर्दोष मानकर उन्हें बन्धनमुक्त कराना चाहते थे।

सभाध्यक्ष के सामने कोई भी विकल्प नहीं था। उसने ईसा को सैनिकों के हवाले कर दिया था। ईसा मसीह जी को क्रूस का दंड दिया गया था। उनके सर पर काँटों का किरीट और हाथ-पांव पर कीलें थीं। ईसा मसीह जी के अंगों से खून बहने लगा था। ईसा जी को इस दशा में देखकर जनता बुरी तरह से रोने लगी थी। ईसा जी ने लोगों को सांत्वना दी थी। शुक्रवार को ईसा मसीह ने अपने प्राणों को त्यागा था।

त्यौहार का मनाना : क्रिसमस आने से कुछ दिन पहले ही लोग घरों को सजाने और साफ-सफाई करने में लग जाते हैं। ईसा मसीह जी के बाद उनके शिष्यों ने इस दिन को बहुत ही ख़ुशी के साथ मनाने लगे थे। तभी से यह पर्व हर साल 25 दिसम्बर को यीसू जन्म दिवस के रूप में मनाने की परम्परा बन गयी थी। जब 24 दिसम्बर की रात को 12 बजे जब 25 दिसम्बर के दिन की शुरुआत होती है तब सरे गिरजेघरों के घंटे बजने लगते हैं।

ये घंटे बजकर ख़ुशी का शुभ संदेश देते हैं। घंटों की ध्वनि के साथ सब श्रद्धालुओं के ह्रदय के तार आहलाद के साथ झंकृत हो जाते हैं। गिरजाघरों के घंटों की यह ध्वनि प्रभु यीसू के जन्म का संदेश देती है। उसके बाद सभी गिरजाघरों में प्रार्थना सभाएँ होती हैं। इन प्रार्थना सभाओं में सभी जन शामिल होते हैं।

इन प्रार्थना सभा में सभी लोग प्रार्थना करते हैं और एक-दुसरे को बधाई देते हैं और इस पर्व को शुरू करते हैं। 25 दिसम्बर के शुरू होते ही यह त्यौहार मनाना शुरू हो जाता है। क्योंकि यह धारणा है कि ईसा मसीह का जन्म ठीक रात के बारह बजे हुआ था। यह दिन बहुत ही शुद्ध और पवित्र होता है।

खासकर ईसाई लोग 25 दिसम्बर को बड़ी धूमधाम से मनाते हैं। 24 तारीख को ही रात को ईसा मसीह के आने की ख़ुशी में घरों को रौशनी से जगमगा देते हैं। इस दिन स्त्री , पुरुष , बच्चे और वृद्ध सभी लोग अपने समर्थ के अनुसार नये

कपड़े बनवाते हैं। इस दिन घर में नए सामान को लाने की भी परम्परा है।

इस दिन घरों में मिठाईयां और अच्छे-अच्छे स्वादिष्ट पकवान बनाए जाते हैं। इस दिन के अवसर पर एक-दुसरे के घर में मिठाईयां बांटी जाती हैं। इस दिन सभी घरों में बहुत चहल-पहल होती है। गिरजाघरों की शोभा का अनुमान भी नहीं लगाया जा सकता है। इस दिन लोग घर-घर जाकर और गाने गाकर इस शुभ संदेश को देते हैं।

प्रेम व बन्धुत्व का पर्व : बड़ा दिन प्रेम और प्यार का दिन होता है जो सब लोगों को ईसा के प्यार का संदेश देता है। इस दिन लोग घर-घर जाकर एक-दुसरे को बधाई देते हैं। अन्य धर्म के लोग भी अपने ईसाई भाईयों को बड़े दिन की बधाई देने के लिए उनके घर जाते हैं और उनके गले मिलते हैं।

इस दिन ईसा मसीह जी ने धरती पर आकर सभी को प्यार का संदेश दिया था। उन्होंने पृथ्वी पर दुखी आत्माओं को प्यार की अमृत बूंद से शांति दी थी। इस दिन बच्चे बड़े प्यार से सेंटाक्लॉस को बहुत अधिक याद करते हैं। लम्बे बालों , सफेद लम्बी दाढ़ी और रंग-बिरंगे वस्त्र पहनने वाले सेंटाक्लॉस इस दिन सभी को उपहार देने जरुर आते हैं। भूत से लोग सेंटाक्लॉस बनकर बच्चों को गिफ्ट देते हैं जिससे बच्चे बहुत खुश हो जाते हैं।

उपसंहार : क्रिसमस को मनाने का मूल उद्देश्य महान युवक ईसा मसीह जी को याद करना है जो दया, प्रेम, क्षमा और धैर्य के अवतार माने जाते थे। विश्व में ईसा मसीह जी के जन्म से दिव्य संदेश से विश्व शांति की प्रेरणा मिलती है।

इस पर्व का फल तभी सफल होगा जब लोग इसके संदेशों को अपने जीवन में अपनाएंगे। ईसा मसीह जी ने लड़ना नहीं सिखाया था , उन्होंने जोड़ना सिखाया था, प्यार करना सिखाया था , और सबको सहनशीलता का पथ भी पढ़ाया था। हम सब लोग प्रभु यीसू को श्रद्धापूर्वक नमन करते हैं।

2

रक्षाबंधन पर निबंध

रक्षाबंधन पर निबंध

भूमिका : रक्षाबंधन भारत के प्रमुख त्यौहारों में से एक है। रक्षाबंधन को राखी भी कहते हैं। हर साल श्रावण पूर्णिमा के दिन रक्षाबंधन का त्यौहार मनाया जाता है।रक्षाबंधन भाई-बहन का त्यौहार है। श्रावण पूर्णिमा का पूरा चाँद भाई-बहन के प्रेम और कर्तव्य को समर्पित होता है।

रक्षाबंधन जुलाई या फिर अगस्त के महीने में आता है। रक्षाबंधन एक सामाजिक, पौराणिक, धार्मिक, और ऐतिहासिक भावना के धागे से बना एक ऐसा पावन बंधन है जिसे रक्षाबंधन के नाम से केवल भारत में ही नहीं बल्कि नेपाल और मॉरिशिस में भी बहुत धूम-धाम से मनाया जाता है।

भाई-बहन का प्यार : रक्षाबंधन का त्यौहार भाई-बहन के प्रेम का प्रतीक होता है।इस त्यौहार से भाई-बहन के बीच का प्रेम बढ़ता है और एक-दूसरे के लिए ख्याल रखने का भी भाव दृढ होता है। इस दिन बहन अपने भाई को राखी बांधते समय अपने भाई के सुखमय जीवन की कामना करती है।

इस दिन भाई अपनी बहन को हर प्रकार की मुसीबत से बचाने का वचन देता है। इस दिन राखी बाँधने की परम्परा की वजह से भाई-बहन के बीच के सभी मनमुटाव दूर होते हैं और उनके बीच प्रेम बढ़ जाता है। वैसे तो भाई-बहन का प्यार एक दिन का मोहताज नहीं होता है।

रक्षाबंधन का त्यौहार अनेक रूपों में दिखाई देता है। जो पुरुष राष्ट्रीय स्वंयसेवक संघ के होते हैं वो भाई-चारे के लिए भगवा रंग की राखी बांधते हैं। राजस्थान में ननंद अपनी भाभियों को एक विशेष प्रकार की राखी बांधती हैं जिसे लुम्बी कहते हैं।कई जगह पर बहने भी अपनी बहनों को राखी बांधती हैं। ऐसा करने

से लोगों के बीच प्रेम और अधिक बढ़ता है।

रक्षाबंधन का महत्व :- रक्षाबंधन एक रक्षा का रिश्ता होता है जहाँ पर बहन भाई की रक्षा करती है। इस दिन सारी बहने अपने भाइयों को राखी बांधती हैं और वादा करती हैं कि वे उनकी रक्षा करेंगी और वे उनकी रक्षा करेंगे। यह बात जरूरी नहीं होती कि जिनको वे राखी बांधे वे उनके सगे भाई हो, लडकियाँ सभी को राखी बाँध सकती हैं और सभी उनके भाई बन जाते हैं।

रक्षाबन्धन के दिन राखी बाँधने की बहुत पुरानी परम्परा है। सभी बहनों और भाइयों को एक दूसरे के प्रति प्रेम और कर्तव्य का पालन रक्षा का दायित्व लेते हैं और ढेर सारी शुभकामनाओं के साथ रक्षाबंधन का उत्सव मनाना हैं। जैन धर्म में राखी का बहुत महत्व होता है।

रक्षाबंधन का ऐतिहासिक महत्व :- रक्षाबंधन का इतिहास हिन्दू पुराण कथाओं में मिल जाता है। रक्षाबंधन की कथा इस तरह से है – एक राजा थे बलि उन्होंने यज्ञ पूरा करने के बाद स्वर्ग पर अपना राज करने की कोशिश की थी तो देवराज इंद्र ने भगवान विष्णु जी से सहायता मांगी थी।

विष्णु जी ब्राह्मण के रूप में भिक्षा मांगने के लिए राजा बलि के पास गये। राजा बलि ने गुरु के मना करने के बाद भी तीन पग भूमि दान में दे दी। वामन भगवान ने तीन पग में ही आकाश-पाताल और धरती को नापकर राजा बलि को रसातल में भेज दिया था।

राजा बलि ने अपनी भक्ति की शक्ति से भगवान विष्णु से यह वरदान ले लिया था कि वे हर वक्त उसके सामने रहेंगे। इस बात से लक्ष्मी जी बहुत चिंतित हो गयीं।लक्ष्मी जी नारद जी की सलाह से राजा बलि के पास गयीं और उन्हें राखी बंधकर अपना भाई बना लिया और अपने पति को अपने साथ वापस ले आयीं।

जिस दिन लक्ष्मी जी ने राजा बलि को अपना भाई बनाया था उस दिन श्रावण मास की पूर्णिमा की तिथि थी। इसी तरह से मवाद की महारानी ने मुगल राजा हुमायूँ को राखी भेजकर रक्षा की याचना की थी और हुमायु ने मुसलमान होते हुए भी राखी की लाज रखी थी। उसी तरह से सिकन्दर की पत्नी ने अपने पति के शत्रु को राखी बांधकर अपना भाई बनाया था और अपने पति की जिंदगी उपहार स्वरूप मांगी थी।

इसी वजह से पुरु के युद्ध के दौरान सिकन्दर को जीवनदान देकर राखी और अपनी बहन के वचन की लाज रखी थी। राजा इंद्र पर जब राक्षसों ने आक्रमण किया था तो उनकी पत्नी ने भगवान की तपस्या और प्रार्थना की थी। भगवान ने उनकी प्रार्थना सुन ली और उन्हें एक रक्षा सूत्र दिया।

उन्होंने यह रक्षा सूत्र अपने पति के दाहिने हाथ पर बाँध दिया जिससे उन्हें विजय प्राप्त हुई। जिस दिन उन्होंने यह रक्षा सूत्र बांधा था वह श्रावण मास की पूर्णिमा का दिन था। इसी वजह से रक्षा बंधन आज तक श्रावण मास की पूर्णिमा को मनाया जाता है।

महाभारत में राखी : हमारी महाभारत में भी रक्षाबंधन का उल्लेख दिया गया है।जब युधिष्ठिर ने भगवान श्री कृष्ण से पूछा था कि मैं सारी बाधाओं को कैसे पार कर सकता हूँ तब भगवान श्री कृष्ण ने युधिष्ठिर और उनकी सेना की रक्षा करने के लिए रक्षाबंधन का त्यौहार मनाने की सलाह दी थी।

जब शिशुपाल का वध करते समय श्री कृष्ण की तर्जनी में चोट लग गई थी और खून भह रहा था तो द्रोपदी ने खून रोकने के लिए अपने साड़ी से चीर फाडकर इनकी ऊँगली पर बांधी थी उस दिन श्रावण मास की पूर्णिमा का दिन था। जब द्रोपदी का चीरहरण हुआ था तो श्री कृष्ण ने उनकी लाज बचाकर अपने इस कर्ज को उतारा था। रक्षाबंधन के त्यौहार में परस्पर एक-दूसरे की रक्षा और और सहयोग की भावना होती है।

रक्षाबंधन की तैयारियां : रक्षाबंधन के दिन भाई-बहन नहा-धोकर साफ-सुथरे कपड़े पहनकर राखी को बाँधने की तैयारियों में लग जाते हैं। इस दिन बहन अपने भाई के दाहिने हाथ में राखी बांधती हैं और चन्दन और कुमकुम का तिलक लगाती हैं। तिलक लगाने के बाद बहनें भाई की आरती उतारती हैं और फिर उसे मिठाई खिलाती हैं। राखी बंधवाने के बाद भाई अपनी बहन को एक तोफा देता हैं।

अगर भाई अपने घर से दूर होता है तो रक्षाबंधन के दिन राखी बंधवाने के लिए वह अपने घर वापिस आता है। अगर किसी तरह से बहन अपने भाई को राखी नहीं बाँध पाती है तो वह डाक शेयर से राखी भेजती है। इस दिन घर में कई तरह की मिठाईयां मंगवाई जाती हैं। इस दिन कई तरह के पकवानों और मिठाईयों के बीच घेवर खाने का अपना ही मजा होता है।

उपसंहार : आज के समय में यह त्यौहार हमारी संस्कृति की पहचान बन चुका है और हमारे भारत वासियों को इस त्यौहार पर बहुत गर्व है। लेकिन भारत में जहाँ पर बहनों के लिए इस विशेष त्यौहार को मनाया जाता है वहीं पर कुछ भाइयों के हाथों पर राखी इस वजह से नहीं बंध पाती है क्योंकि उनके माता-पिता उसकी बहन को इस दुनिया में आने ही नहीं देते हैं।

यह बहुत ही शर्मनाक बात है कि जिस देश में कन्या पूजन का विधान शास्त्रों में है वहीं पर कन्या-भ्रूण हत्या होती रहती है। यह त्यौहार हमें यह याद दिलाता है कि बहनों का हमारे जीवन में कितना महत्व होता है।

3
दीपावली पर निबंध

दीपावली

भूमिका

भारत को त्यौहारों का देश माना जाता है। भारत के प्रमुख त्यौहार होली, रक्षाबंधन, दशहरा और दीपावली हैं पर इन सभी त्यौहारों में दीपावली सबसे अधिक प्रमुख त्यौहार है। यह त्यौहार दीपों का पर्व है। जब हम अज्ञान रूपी अंधकार को हटाकर ज्ञान रूपी प्रकाश प्रज्ज्वलित करते हैं तो हमें एक असीम और आलौकिक आनन्द का अनुभव होता है। दीपावली भी ज्ञान रूपी प्रकाश का प्रतीक है।

इस दिन दीप जलाये जाते हैं इसलिए इसे दीपों का पर्व भी कहा जाता है। दीपावली को तद्भव भाषा में दीवाली भी कहा जाता है। दीपावली को हिन्दुओं का सबसे प्रमुख त्यौहार माना जाता है। दीपावली को लोग बहुत ही उत्साह के साथ मनाते है।

दीपावली का त्यौहार पांच दिन तक मनाया जाता है। दशहरे के त्यौहार के बाद से ही दीपावली की तैयारियां की जाने लगती हैं। जो लोग नौकरियां करते हैं उन्हें दीपावली का पर्व मनाने के लिए कुछ दिनों की छुट्टियाँ भी दी जाती हैं ताकि वे अपने परिवार के साथ खुशी से दीपावली मना सकें।

दीपावली को अक्टूबर या नवम्बर के महीने में मनाया जाता है। इस पर्व के दिन लोग रात को अपनी प्रसन्नता प्रकट करने के लिए दीपों की पंक्तियाँ जलाते हैं और प्रकाश करते हैं। नगर और गाँव दीपों की पंक्तियों से जगमगाने लगते हैं ऐसा लगता है मानो रात दिन में बदल गयी हो।

दीपावली का अर्थ

दीपावली शब्द संस्कृत से लिया गया है। दीपावली दो शब्दों से मिलकर बना होता है दीप और आवली जिसका अर्थ होता है दीपों से सजा। दीपावली को रोशनी का त्यौहार और दीपोत्सव भी कहा जाता है क्योंकि इस दिन चारों और दीपों की रोशनी होती है। इस दिन हम सभी दीपों की पंक्ति बनाकर अंधकार को मिटाने में जुट जाते हैं और अमावस्या की अँधेरी रात जगमग असंख्य दीपों से जगमगाने लगती है।

दीपावली का यह पावन पर्व कार्तिक मांस की अमावस्या के दिन मनाया जाता है। गर्मी और वर्षा ऋतू को विदा कर शीत ऋतू के स्वागत में यह पर्व मनाया जाता है। उसके बाद शीत के चन्द्र की कमनीय कलाएं सबके चित्त-चकोर को हर्ष विभोर कर देती है। शरद पूर्णिमा को ही भगवान कृष्ण ने महारास लीला का आयोजन किया था। इसे बुराई पर अच्छाई की जीत का प्रतीक माना जाता है।

दीपावली का इतिहास

जब भगवान श्री राम लंकापति रावण को मारकर और चौदह वर्ष का वनवास काटकर अयोध्या लौटे थे तो अयोध्यावासियों ने उनके आगमन पर प्रसन्नता प्रकट करने के लिए और उनका स्वागत करने के लिए दीपक जलाए थे। उसी दिन की पावन स्मृति में यह दिन बड़े ही उत्साह से मनाया जाता है।

इस दिन के अवसर पर भगवान राम की स्मृति बिलकुल ताजा हो जाती है। इस दिन समुद्र मंथन के समय लक्ष्मी जी का जन्म हुआ था इसी वजह से दीपावली पर लक्ष्मीजी की पूजा की जाती है और घर में धन-धान और एश्वर्य की कामना की जाती है। इसी दिन भगवान श्रीकृष्ण ने नरकासुर नामक राक्षस का वध भी किया था।

दीपावली की तैयारियां

दीपावली की तैयारियां लोग दशहरे से ही करने लग जाते हैं। दीपावली से पहले सभी लोग अपने घरों की सफाई करते हैं और घर की लिपाई-पुताई करवाते हैं। दीपावली के अवसर पर लोग अपने लिए नए कपड़े, मोमबतियां, खिलौने, पटाखे, मिठाईयां, रंगोली बनाने के लिए रंग और घरों को सजाने के लिए बहुत सामान खरीदते हैं।

दीपावली के दिन पहनने के लिए नए कपड़े बनवाए जाते हैं, मिठाईयां बनाई जाती हैं। घरों को सजाने के लिए बिजली से जलने वाली झालर लगाई जाती है। दीपावली भारत का सबसे अधिक प्रसन्नता और मनोरंजन का पर्व है। इस दिन बच्चों से लेकर बूढों तक में खुशी की लहर उत्पन्न हो उठती है।

आतिशबाजी और पटाखों की आवाज से सारा आकाश गूंज उठता है। लोग शरद ऋतू के आरम्भ में घरों की लिपाई पुताई करवाते हैं तथा कमरों को चित्रों से सजवाते हैं। अच्छी तरह से साफ-सफाई करने की वजह से मक्खी-मच्छर भी दूर हो जाते हैं।

दीपावली पर्व का महत्व

दीपावली का भारत देश में बहुत अधिक महत्व है। इस दिन को अंधकार पर प्रकाश की विजय का प्रतीक माना जाता है। इस दिन को बहुत ही सुंदर और बड़े पारंपरिक तरीके से मनाया जाता है। दीपावली के दिन धन की देवी लक्ष्मी जी, सरस्वती जी और गणेश भगवान की पूजा की जाती है।

हिन्दू महाकाव्य रामायण के अनुसार दीपावली का त्यौहार श्री राम भगवान, सीता माता और लक्ष्मण के 14 वर्ष 2 महीने के वनवास के बाद अयोध्या लौटने की खुशी में मनाया जाता है। भारत के कुछ क्षेत्रों में महाकाव्य महाभारत के अनुसार दीपावली त्यौहार को पांडवों के 12 वर्ष के वनवास और 1 वर्ष के अज्ञातवास के बाद लौटने की खुशी में भी मनाया जाता है।

ऐसा भी माना जाता है कि इस दिन देवी-देवताओं और राक्षसों द्वारा समुद्र मंथन करते समय माता लक्ष्मी का जन्म हुआ था। भारत के कुछ पूर्वी और उत्तरी क्षेत्रों में नव हिंदी वर्ष के रूप में भी इस त्यौहार को मनाया जाता है।

दीपावली का वर्णन

दीपावली त्यौहार कार्तिक माह की अमावस्या के दिन मनाया जाता है। दीपावली का त्यौहार पांच दिनों तक चलने वाला सबसे बड़ा त्यौहार होता है। दीपावली से तीन दिन पहले धनतेरस आती है इस दिन अहोई माता का पूजन किया जाता है। इस दिन के अवसर पर लोग पुराने बर्तनों को बेचते हैं और नए बर्तनों को खरीदते हैं।

सभी बर्तनों की दुकानें बर्तनों से बहुत ही अनोखी दिखाई देती है। चतुर्दशी के दिन लोग घरों के कूड़े-करकट को बाहर निकालते हैं। कार्तिक मास की अमावस्या को दीपावली का त्यौहार बड़ी धूमधाम से मनाया जाता है। धनतेरस के दिन व्यापारी अपने नए बहीखाते बनाते हैं।

अगले दिन नरक चौदस के दिन सूर्योदय से पहले स्नान करना अच्छा माना जाता है। अमावस्या के दिन लक्ष्मीजी की पूजा की जाती है। पूजा में खील-बताशे का प्रसाद चढाया जाता है। नए कपड़े पहने जाते हैं। असंख्य दीपों की रंग-बिरंगी रोशनियाँ मन को मोह लेती हैं।

दुकानों, बाजारों और घरों की सजावट दर्शनीय रहती है। अगला दिन परस्पर भेंट का दिन होता है। एक-दूसरे के गले लगकर दीपावली की शुभकामनाएँ दी जाती हैं। गृहिणियां मेहमानों का स्वागत करती हैं। लोग छोटे-बड़े, अमीर-गरीब का भेदभाव भूलकर आपस में मिलकर इस त्यौहार को मनाते हैं।

महापुरुषों का निर्वाण दिवस

दीपावली के दिन ही जैनियों के तीर्थकर महावीर स्वामी ने निर्वाण प्राप्त किया था। इसी वजह से यह दिन जैन भाईयों के लिए बहुत महत्वपूर्ण है। स्वामी दयानन्द और स्वामी रामतीर्थ भी इसी दिन निर्वाह को प्राप्त हुए थे। ऋषि निर्वाणोत्सव का दिन आर्य समाजी भाईयों के लिए विशेष महत्व रखता है। सिक्ख भाई भी दीपावली को बड़े समारोह के साथ मनाते हैं। इस प्रकार यह दिन धार्मिक दृष्टि से बड़ा पवित्र होता है।

लक्ष्मी पूजन

यह पर्व शुरू में महालक्ष्मी पूजा के नाम से मनाया जाता था। कार्तिक अमावस्या के दिन ही समुद्र मंथन में महालक्ष्मी जी का जन्म हुआ था। आज भी इस दिन घरों में महालक्ष्मी जी की पूजा की जाती है।

इस दिन लोग अपने ईष्ट बन्धुओं और मित्रों को बधाई देते हैं और नूतन वर्ष में सुख-समृदधि की कामना करते हैं। बालक-बालिकाएं नए कपड़े पहनकर मिठाईयां बांटते हैं। रात के समय में आतिशबाजी चलाते हैं। बहुत से लोग रात के समय लक्ष्मी पूजन भी करते हैं। कहीं-कहीं पर दुर्गा सप्तमी का पाठ किया जाता है। जो लोग तामसिक वृत्ति के होते हैं वे जुआ खेलकर बुद्धि नष्ट करते हैं।

स्वच्छता का प्रतीक

दीपावली जहाँ पर अंत:करण के ज्ञान का प्रतीक है वहीं पर बाह्य स्वच्छता का भी प्रतीक है। घरों में मच्छर, खटमल, पिस्सू आदि धीरे-धीरे अपना घर बना लेते हैं। मकड़ी के जाले लग जाते हैं इसीलिए दीपावली से कई दिन पहले से ही घरों की सफाई, लिपाई, पुताई और सफेदी होने लग जाती है। सारे घर को चमकाकर स्वच्छ किया जाता है। लोग अपनी परिस्थिति के अनुकूल घरों को सजाते हैं।

बुराईयाँ

किसी अच्छे उद्देश्य को लेकर बने त्यौहार में भी कालान्तर में विकार पैदा हो जाते हैं। जिस लक्ष्मी की पूजा लोग धन-धान्य की प्राप्ति हेतु बड़ी श्रद्धा से करते थे उनकी पूजा बहुत से लोग जुआ खेलने के लिए भी करते हैं। जुआ खेलना एक प्रथा बन गयी है जो समाज व पावन पर्वों के लिए एक कलंक के समान है।

इसके अलावा आधुनिक युग में बम्ब पटाखों से हुए कई दुष्परिणाम भी देखने को मिलते हैं। आज के समय में पुरे भारत में पटाखों का प्रयोग बहुत ही जोर-शोर से होता है। ऐसा माना जाता है कि दीपावली के दिन भारत के प्रदुषण की मात्रा 50% बढ़ जाती है। पटाखों का उपयोग करके हम थोड़ी देर के मजे के लिए अपने पर्यावरण को बहुत हद तक बर्बाद कर देते हैं।

आतिशबाजी हमारे शरीर और पर्यावरण दोनों के लिए बहुत ही हानिकारक होती है। दीपावली में पटाखों का प्रयोग करके हम भारतीय केवल भारत का ही नहीं बल्कि पूरे विश्व का प्रदुषण बढ़ाते हैं। पटाखों के कारण ऐसे बहुत से हादसे होते हैं जिनका शिकार बच्चे से लेकर बड़े तक हो जाते हैं।

पटाखों के धुएं की वजह से अस्थमा और कई प्रकार की अन्य बीमारियाँ हो जाती हैं। पटाखों की वजह से सभी तरह का प्रदुषण होता है जैसे – धुएं के कारण वायु प्रदुषण, पटाखों की आवाज के कारण ध्वनि प्रदुषण, जहरीले पदार्थ धरती पर गिर जाने से भूमि प्रदुषण, पटाखों का जहरीला पदार्थ पानी में मिल जाने की वजह से जल प्रदुषण आदि।

उपसंहार

दीपावली हमारा धार्मिक त्यौहार है। दीपावली का पर्व सभी पर्वों में एक विशिष्ट स्थान रखता है। हमें अपने पर्वों की परम्पराओं को हर स्थिति में सुरक्षित रखना चाहिए। परम्पराओं से हमें उसके आरम्भ और उसके उद्देश्य को याद करने में आसानी होती है।

परम्पराएँ हमें उस पर्व के आदिकाल में पहुंचा देती हैं जहाँ पर हमें अपनी आदिकालीन संस्कृति का ज्ञान होता है। आज हम अपने त्यौहारों को भी आधुनिक सभ्यता का रंग देकर मनाते हैं लेकिन हमें उसके आदि स्वरूप को बिगाड़ना नहीं चाहिए। इसे हमेशा यथोचित रीति से मनाना चाहिए।

जुआ और शराब का सेवन बहुत ही बुरा होता है हमें सदैव इससे बचना चाहिए। आतिशबाजी पर अधिक व्यय नहीं करना चाहिए। हम सभी का कर्तव्य होता है कि हम अपने पर्वों की पवित्रता को बनाये रखें। इस दिन लोग व्याख्यान देकर जन साधारण को शुभ मार्ग पर चला सकते हैं।

यह त्यौहार नया जीवन जीने का उत्साह प्रदान करता है। हमें इस बात का विशेष ध्यान रखना चाहिए कि हमारे किसी भी काम और व्यवहार से किसी को भी दुःख न पहुंचे तभी दीपावली का त्यौहार मनाना सार्थक होगा।

4

होली पर निबंध

होली

भूमिका : होली बसंत का एक उल्लासमय पर्व है। होली को बसंत का यौवन भी कहा जाता है। प्रकृति सरसों की पीली साड़ी पहनकर किसी की राह देखती हुई प्रतीत होती है। हमारे पूर्वजों में भी होली त्यौहार को आपसी प्रेम का प्रतीक माना जाता है। इसमें सभी छोटे-बड़े लोग मिलकर पुराने भेदभावों को भुला देते हैं। होली रंग का त्यौहार होता है और रंग आनन्द पर्याय होते हैं। बसंत के मौसम में प्रकृति की सुन्दरता भी मनमोहक होती है।

जब सारी प्रकृति यौवन से सराबोर हो जाती है तो मनुष्य भी आनन्द से झूमने लगता है होली पर्व इसी का प्रतीक है। इस रंगीन उत्सव के समय पूरा वातावरण खुशनुमा हो जाता है। होली के त्यौहार को मनाने के लिए इस दिन स्कूल, कॉलेज और दफ्तरों में सरकारी छुट्टी होती है।

जिस तरह मुसलमानों के लिए ईद का त्यौहार, ईसाईयों के लिए क्रिसमस का त्यौहार जो महत्व रखता हैं उसी तरह हिन्दुओं के लिए भी होली के त्यौहार का बहुत महत्व होता है। होली का त्यौहार अब इतना प्रसिद्ध हो चुका है कि यह त्यौहार केवल भारत में ही नहीं बल्कि विदेशों में भी लोकप्रिय होता जा रहा है। भारत के अतिरिक्त बहुत से देशों में अब लोग होली का त्यौहार मनाने लगे हैं।

Also Read : Essay On Holi In Hindi For Class 5,6,7 And 8

बसंत का आगमन : वसंत में जब प्रकृति के अंग-अंग में यौवन फूट पड़ता है तो होली का त्यौहार उसका श्रंगार करने आता है। होली एक ऋतू संबंधी त्यौहार है। शीतकाल की समाप्ति और ग्रीष्मकाल के आरम्भ इन दोनों ऋतुओं को मिलाने वाले संधि काल का पर्व ही होली कहलाता है। शीतकाल की समाप्ति पर किसान

लोग आनन्द विभोर हो उठते हैं। उनका पूरी साल भर का किया गया कठोर परिश्रम सफल हो उठता है और उनकी फसल पकनी शुरू हो जाती है।

होली के त्यौहार को होलिकोत्सव भी कहा जाता है। होलिका शब्द से ही होली बना है। होलिका शब्द की उत्पत्ति संस्कृत के होल्क शब्द से हुई है जिसका शाब्दिक अर्थ भुना हुआ अन्न होता है। प्राचीनकाल में जब किसान अपनी नई फसल काटता था तो सबसे पहले देवता को भोग लगाया जाता था इसलिए नवान्न को अग्नि को समर्पित कर भूना जाता था। उस भुने हुए अन्न को सब लोग परस्पर मिलकर खाते थे। इसी ख़ुशी में नवान्न का भोग लगाने के लिए उत्सव मनाया जाता था। आज भी ग्रामीण क्षेत्रों में इस परम्परा से होलिकोत्सव मनाया जाता है।

ऐतिहासिकता : होली के उत्सव के पीछे एक रोचक कहानी है जिसका काफी महत्व है। पुरातन काल में राजा हिरण्यकश्यप और उसकी बहन होलिका के अहंकार और हिरण्यकश्यप के पुत्र प्रहलाद की भक्ति से ही इस उत्सव की शुरुआत हुई थी। हिरण्यकश्यप को ब्रह्मा द्वारा वरदान स्वरूप बहुत सी शक्तियाँ प्राप्त हुई थीं जिनके बल पर वह अपनी प्रजा का राजा बन बैठा था।

कहा जाता है कि भक्त प्रहलाद भगवान विष्णु का नाम लेता था। प्रहलाद का पिता उसे ईश्वर का नाम लेने से रोकता था क्योंकि वह खुद को भगवान समझता था। प्रहलाद इस बात को किसी भी रूप से स्वीकार नहीं कर रहा था। प्रहलाद को अनेक दंड दिए गये लेकिन भगवान की कृपा होने की वजह से वे सभी दंड विफल हो गए।

हिरण्यकश्यप की एक बहन थी जिसका नाम होलिका था। होलिका को यह वरदान प्राप्त था कि उसे अग्नि जला नहीं सकती थी। होलिका अपने भाई के आदेश पर प्रहलाद को अपनी गोद में लेकर चिता पर बैठ गयी। भगवान की महिमा की वजह से होलिका उस चिता में चलकर राख हो गयी, लेकिन प्रहलाद को कुछ नहीं हुआ था। इसी वजह से इस दिन होलिका दहन भी किया जाता है।

भगवान श्री कृष्ण से पहले यह पर्व सिर्फ होलिका दहन करके मनाया जाता था लेकिन भगवान श्रीकृष्ण ने इसे रंगों के त्यौहार में परिवर्तित कर दिया। भगवान श्रीकृष्ण ने इस दिन पूतना राक्षसी का वध किया था जो होली के अवसर पर उनके घर आई थी। बाद में उन्होंने इस त्यौहार को गोप-गोपिकाओं के साथ रासलीला और रंग खेलने के उत्सव के रूप में मनाया। तभी से इस त्यौहार पर दिन में रंग खेलने और रात्रि में होली जलाने की परम्परा बन गई थी।

होली दहन की विधि : होली के दिन एक झंडा या कोई बड़ी डंडी को किसी सार्वजनिक स्थान पर गाडा जाता है। इस डंडे की पूजा कर उसके फेरे लगाकर

मंगलकामना की जाती है और होली के मुहूर्त के समय इस डंडे को निकालकर इसके चारों तरफ लकड़ियाँ और उपले इकट्ठे किए जाते हैं। हिन्दू धर्म के अनुसार पूजा के बाद इन लकड़ियों में आग लगाई जाती है और राख से तिलक लगाया जाता है। इसे होलिका दहन का प्रतीक माना जाता है। इस आग में किसान अपने अपने खेत के पहले अनाज के कुछ दानों को सेकते हैं और सब में बांटते हैं। इसी से मिलन और भाईचारे की भावना जागृत होती है।

होली का उत्सव : होली दो दिन का त्यौहार होता है। होली की तैयारियां कई दिन पहले से ही शुरू हो जाती हैं। होली से पहली रात को होलिका दहन किया जाता है जिस पर घमंड और नकारात्मक प्रवृति का आहुति स्वरूप दहन किया जाता है। होलिका दहन से अगली सुबह फूलों के रंगों से खेलते हुए होली का शुभारम्भ किया जाता है। इस दिन को धुलेंडी भी कहा जाता है। इस दिन लोग एक-दुसरे पर रंग, गुलाल डालते हैं। होली को सभी लोग रंग-बिरंगे गुलाल और पानी में रंगों को घोलकर पिचकारियों से एक-दुसरे के उपर रंग डालकर प्रेम से खेलते हैं।

सडकों पर बच्चों, बूढों, लडकियों और औरतों की टोलियाँ गाती, नाचती, गुलाल मलती और रंग भरी पिचकारी छोडती हुई देखी जाती हैं। सबकों के दिलों में प्रसन्नता छाई रहती है। सारे देश में लोग अपनी-अपनी परम्परा से होली मनाते हैं, परन्तु सभी रंग द्वारा अपनी खुशी की अभिव्यक्ति करते हैं। छोटे बच्चे बड़ों को उनके पैरों में गुलाल डालकर प्रणाम करते हैं और बड़े छोटों को गुलाल से टिका लगाकर आशीर्वाद देते हैं। सभी लोग अपने प्रियजनों के घर जाकर पकवान खाते हैं और बधाईयाँ देते हैं। चारों दिशाएं खुशियों से सराबोर हो जाती हैं।

होली का महत्व : होली के दिन का हिन्दुओं में बहुत महत्व होता है। होली का त्यौहार दुश्मनों को भी दोस्त बना देता है। अमीर-गरीब, क्षेत्र, जाति, धर्म का कोई भेद नहीं रहता है। इस दिन लोग एक-दूसरे के घर जाते हैं और रंगों के साथ खेलते हैं। दूर रहने वाले दोस्त भी इस बहाने से मिल जाते हैं।

इस दिन सभी लोग अपनी नाराजगी, गम और नफरत को भुला कर एक-दूसरे के साथ एक नया रिश्ता बनाते हैं। समाज में बेहतर गठन के लिए होली की बहुत ही महत्वपूर्ण भूमिका है। होली का त्यौहार अपने साथ बहुत से संदेश लाता है। होली का त्यौहार हमें भेदभाव और बुराईयों से दूर रहने की सलाह देता है।

मनोवैज्ञानिक दृष्टि : आनन्द का सरोवर व खुशी का खजाना सबके अंत:करण में विद्यमान है, परन्तु वह कुछ बाह्य शिष्टाचार के बंधनों की वजह से पूर्ण-रूपेण व्यक्त नहीं हो पाता है। जब वे बंधन टूट जाते हैं तो खुशी का खजाना फुट जाता है हम एक अतुलित आनन्द की अनुभूति करते हैं। होली के पीछे यही मनोवैज्ञानिक

नियम समाविष्ट है, उसमें हम शिष्टाचार के बंधन तोड़ कर एक-दुसरे पर रंग बिखेरते हैं। शब्दों द्वारा कुछ कहकर, खुद नाचकर, गाकर अपने अंतःकरण की खुशियाँ व्यक्त करते हैं।

प्रेम और एकता का प्रतीक : होली ही एक ऐसा त्योहार है जिसमें हम शिष्टाचार के बंधन तोडकर छोटे-बड़े, वृद्ध-बाल, राजा-रंक एक दुसरे का विविध तरीके से उपहास करते हैं, मिलकर गाते हैं, नाचते हैं। होली के इस त्यौहार में हर कोई एकता में बंध जाता है। इस दिन बुरा मानना अनुचित समझा जाता है लेकिन बुरा कहने में कोई रोक नहीं होती है। व्यक्ति एक-दुसरे से गले मिलते हैं और अपने ह्रदय की खुशियों को पूर्ण-रूपेण बिखेर देते हैं । मानो इससे मेल व प्रेम का स्त्रोत बहने लगता है।

आधुनिक दोष : इतनी खुशियों के त्यौहार में भी कई लोग शराब पीकर और नशे में चूर होकर लड़ाई-झगड़े पर उतर जाते हैं। कई स्थानों पर अपनी शत्रुता का बदला लेने के लिए अनुचित साधनों का प्रयोग किया जाता है। जिसका फल यह होता है कि रंग का त्यौहार रंज के त्यौहार में बदल जाता है। प्रेम, दुश्मनी में बदल जाता है जिसे कहते हैं रंग में भंग होना।

लेकिन यह स्थिति कहीं-कहीं पर ही होती है। वास्तव में होली का त्यौहार बड़ा ही ऊँचा दृष्टिकोण लेकर प्रचलित हुआ है। लेकिन आज के लोगों ने इसका रूप ही बिगाड़ दिया है। सुंदर और कच्चे रंगों की जगह पर बहुत से लोग काली स्याही और तवे की कालिख का प्रयोग करते हैं।

कुछ मूढ़ लोग तो एक-दुसरे पर गंदगी भी फेंकते हैं। उत्सव के आयोजकों द्वारा इन बुराईयों को कम किया जाना चाहिए। जो लोग होली के महत्व को समझ नहीं पाते हैं वो ही ऐसा करते हैं।

उपसंहार : होली मेल, एकता, प्रेम, खुशी व आनन्द का त्यौहार है। इसमें एक बुजुर्ग या प्रतिष्ठित व्यक्ति भी सबके बीच नाचते हुए दिखाई देते हैं। इस दिन की खुशी नस-नस में नया खून प्रवाहित कर देती है। बाल-वृद्ध सभी में एक नई उमंगें भर जाती हैं। सभी के मन से निराशा दूर हो जाती है।

इस दिन छोटे-बड़ों के गले मिलकर उन्हें एकता का उदाहरण देना चाहिए। असली अर्थों में होली का त्यौहार मनाना तभी सार्थक हो पायेगा। नहीं तो नफरत, द्वेष, और विषमता के रावण को जलाये बिना कोरी लडकियों की होली को जलाना व्यर्थ होता है। जब हम त्यौहारों की रक्षा के लिए जागरूक रहेंगे तभी अपने त्यौहारों का अतुल आनन्द प्राप्त कर सकते हैं।

होली खेलने के लिए लोग ज्यादातर रंगों का प्रयोग करते हैं हमें रंगों के स्थान पर गुलाल का प्रयोग करना चाहिए। रंग त्वचा और आँखों के लिए हानिकारक होते है लेकिन गुलाल बहुत ही सुरक्षित होते हैं उनसे ऐसा कुछ होने का डर नहीं रहता है। अगर कोई रंग नहीं लगवाना चाहता हो तो उसके साथ जबरदस्ती नहीं करनी चाहिए।

5
दुर्गा पूजा पर निबंध

दुर्गा पूजा पर निबंध

भूमिका : दुर्गा पूजा भारत का एक धार्मिक त्यौहार है। दुर्गा पूजा को दुर्गोत्सव या षष्ठोत्सव के नाम से भी जाना जाता है।

दुर्गा देवी जी हिमालय और मेनका की पुत्री और सती का अवतार थीं जिनकी बाद में भगवान शिव से शादी हुई थी। दुर्गा पूजा पहली बार तब शुरू हुई थी जब भगवान राम ने रावण को मारने के लिए देवी दुर्गा से शक्ति प्राप्त करने के लिए पूजा की थी। यह एक परंपरागत अवसर है जो लोगों को एक भारतीय संस्कृति और रीति में पुनः जोड़ता है।

दुर्गा पूजा का त्यौहार हर साल पतझड़ के मौसम में आता है। दुर्गा पूजा हिन्दुओं के महत्वपूर्ण त्यौहारों में से एक है। इस त्यौहार को हिन्दू धर्म के लोगों द्वारा हर साल महान उत्साह और विश्वास के साथ मनाया जाता है। सभी लोग कई स्थानों पर शहरों या गांवों में दुर्गा पूजा को अच्छे से सांस्कृतिक और परम्परागत तरीके से मनाते हैं।

यह अवसर बहुत ही खुशी वाला होता है खासकर विद्यार्थियों के लिए क्योंकि उन्हें छुट्टियों के कारण अपने व्यस्त जीवन से कुछ आराम मिल जाता है। दुर्गा पूजा के त्यौहार को बहुत ही अच्छे तरीके से मनाया जाता है और कुछ बड़े स्थानों पर मेलों का भी आयोजन किया जाता है। दुर्गा पूजा को बहुत से राज्यों जैसे – ओडिशा, सिक्किम, पश्चिम बंगाल और त्रिपुरा के लोग बहुत ही बड़े तौर पर मनाते हैं।

विशेष : इस दिन लोगों द्वारा दुर्गा देवी की पूरे नौ दिन तक पूजा की जाती है। त्यौहार के अंत में दुर्गा देवी की मूर्ति या प्रतिमा को नदी या पानी के टैंक में

विसर्जित किया जाता है। बहुत से लोग नौ दिन का उपवास रखते हैं हालाँकि कुछ लोग केवल पहले और आखिरी दिन ही उपवास रखते हैं। लोगों का मानना होता है कि इससे उन्हें देवी दुर्गा का आशीर्वाद प्राप्त होगा। लोगों का विश्वास होता है कि दुर्गा माता उन्हें सभी समस्याओं और नकारात्मक उर्जा से दूर रखेंगी।

दुर्गा पूजा के नाम : दुर्गा पूजा को बंगाल, असम, उड़ीसा में अकाल बोधन, दुर्गा का असामयिक जागरण शरदकालीन पूजा, पूर्वी बंगाल वर्तमान में बांग्लादेश में दुर्गा पूजा को भगवती पूजा के रूप में भी मनाया जाता है, इसे वेस्ट बंगाल, बिहार, उड़ीसा, दिल्ली और मध्य प्रदेश में दुर्गा पूजा के नाम से जाना जाता है।

दुर्गा पूजा की कहानी : यह माना जाता है कि एक बार महिषासुर नामक एक राजा था। महिषासुर ने स्वर्ग में देवताओं पर आक्रमण किया था। महिषासुर बहुत ही शक्तिशाली था जिसके कारण उसे कोई भी हरा नहीं सकता था। उस समय ब्रह्मा, विष्णु और शिव भगवान के द्वारा एक आंतरिक शक्ति का निर्माण किया गया जिनका नाम दुर्गा रखा गया था।

देवी दुर्गा को महिषासुर का विनाश करने के लिए आंतरिक शक्ति प्रदान की गई थी। देवी दुर्गा ने महिषासुर के साथ पूरे नौ दिन युद्ध किया था और अंत में दसवें दिन महिषासुर को मार डाला था। दसवें दिन को दशहरा या विजयदशमी के रूप में कहा जाता है। रामायण के अनुसार भगवान श्री राम ने रावण को मारने के लिए देवी दुर्गा से आशीर्वाद प्राप्त करने के लिए चंडी पूजा की थी।

श्री राम ने दुर्गा पूजा के दसवें दिन रावण को मारा था और तभी से उस दिन को विजयदशमी कहा जाता है। इसीलिए देवी दुर्गा की पूजा हमेशा अच्छाई की बुराई पर विजय का प्रतीक है। एक बार देवदत्त के पुत्र कौस्ता ने अपनी शिक्षा पूरी करने के बाद अपने गुरु वरतन्तु को गुरु दक्षिणा देने का निश्चय किया हालाँकि उसे 14 करोड़ स्वर्ण मुद्राओं का भुगतान करने के लिए कहा गया था।

कौस्ता इन्हें प्राप्त करने के लिए राम के पूर्वज रघुराज के पास गया हालाँकि वो विश्वजीत के त्याग के कारण यह देने में असमर्थ थे। इसलिए कौस्ता इंद्र देव के पास गए और इसके बाद वे कुबेर के पास आवश्यक स्वर्ण मुद्राओं की अयोध्या में शानु और अपति पेड़ों पर बारिश कराने के लिए गए।

इस तरह से कौस्ता को अपने गुरु को गुरु दक्षिणा देने के लिए मुद्राएँ प्राप्त हुई थीं। उस घटना को आज के समय में अपति पेड़ की पत्तियों को लूटने की एक परंपरा के माध्यम से याद किया जाता है। इस दिन लोग इन पत्तियों को एक दूसरे को सोने के सिक्के के रूप में देते हैं।

दुर्गा पूजा का महत्व : भारत को मातृभक्त देश कहा जाता है। हम भारत को ही श्रद्धा से भारत माता कहते हैं। भारत देश में देवताओं से ज्यादा देवियों को अधिक महत्व दिया जाता है। सभी देवी देवताओं में माँ दुर्गा को सबसे ऊँचा माना जाता है क्योंकि उन्ही से विश्व को सभी प्रकार की शक्तियाँ मिलती हैं। इसीलिए दुर्गा पूजा का महत्व भी अन्य पूजा-पाठ से बढकर माना जाता है। नवरात्रि या दुर्गा पूजा के त्यौहार का बहुत अधिक महत्व होता है।

नवरात्रि का अर्थ नौ रात होता है। दसवें दिन को विजयदशमी या दशहरे के नाम से जाना जाता है। दुर्गा पूजा एक नौ दिनों तक चलने वाला त्यौहार है। दुर्गा पूजा के दिनों को स्थान , परंपरा , लोगों की क्षमता और लोगों के विश्वास के अनुसार मनाया जाता है। बहुत से लोग इस त्यौहार को पांच , सात या पूरे नौ दिनों तक मनाते हैं।

लोग दुर्गा देवी की प्रतिमा की पूजा षष्टी से शुरू करते हैं और दशमी को खत्म करते हैं। समाज या समुदाय में कुछ लोग दुर्गा पूजा को पास के क्षेत्रों में पंडाल को सजा कर भी मनाते हैं। इस दिन आस-पास के सभी मन्दिर विशेष तौर पर सुबह के समय पूर्ण रूप से भक्तिमय हो जाते हैं। बहुत से लोग इस दिन घरों में भी सुव्यवस्थित ढंग से पूजा करते हैं और आखिरी दिन प्रतिमा के विसर्जन के लिए भी जाते हैं।

लोगों द्वारा देवी दुर्गा की पूजा ताकत और आशीर्वाद प्राप्त करने के लिए की जाती है। देवी दुर्गा अपने भक्तों को नकारात्मक उर्जा और नकारात्मक विचारों को हटाने के साथ ही शांतिपूर्ण जीवन देने में मदद करती हैं। इसे भगवान राम की बुराई पर अच्छाई की जीत के रूप में भी मनाया जाता है। लोग इस दिन को रात के समय रावण के बड़े पुतले को जलाकर और पटाखे जलाकर मनाते हैं।

दुर्गा पूजा का उत्सव : पूजा शुरू होने से लगभग दो महीने पहले से ही तैयारियां शुरू हो जाती हैं। तीन से चार महीने पहले से ही मूर्तिकार मूर्तियाँ बनाना शुरू कर देते हैं। बाजारों में दुकाने सजने लगती हैं। हस्तशिल्पी तरह-तरह के सामान और खिलौने बनाने लगते हैं और बाजारों में कपड़े-गहने तथा अन्य चीजें खरीदने-बेचने वालों की भीड़ लग जाती है।

देवी दुर्गा की मूर्ति में उनके साथ दस हाथ और उनका वाहन सिंह होता है। असुरों और पापियों का नाश करने के लिए माँ दुर्गा दस तरह के हथियार रखती हैं। देवी दुर्गा के पास लक्ष्मी, सरस्वती , कार्तिकेय और गणेश जी की मूर्तियाँ भी स्थापित की जाती हैं। दुर्गा पूजा के उत्सव को बुराई पर अच्छाई की जीत के रूप में मनाया जाता है।

भक्तों के द्वारा यह माना जाता है कि इस दिन देवी दुर्गा ने बैल राक्षस महिषासुर पर विजय प्राप्त की थी। देवी दुर्गा को ब्रह्मा , भगवान विष्णु और शिव जी के द्वारा महिषासुर राक्षस को मारकर दुनिया को इससे आजाद कराने के लिए बुलाया गया था। पहले दिन मंत्रों के साथ देवी का कलश स्थापित किया जाता है। देवी दुर्गा की पूजा अर्चना पूरे दस दिनों तक होती रहती हैं।

देवी दुर्गा ने बहुत दिनों के युद्ध के बाद दसवें दिन उस राक्षस को मार गिराया था जिसे दशहरे के नाम से जाना जाता है। नवरात्रि का वास्तविक अर्थ देवी दुर्गा और राक्षस महिषासुर के बीच युद्ध के नौ दिन और नौ रातों से है। दुर्गा देवी जी की पूजा के त्यौहार से भक्तों और दर्शकों सहित पर्यटकों की एक स्थान पर बहुत बड़ी भीड़ जुड़ जाती है।

आखिरी तीन दिनों में पूजा का उत्सव बहुत ही धूमधाम से मनाया जाता है। हर गली मोहल्ले में इसकी एक अलग ही झलक दिखाई देती है क्योंकि शहरों और गांवों में कई जगह माँ दुर्गा की बड़ी-छोटी मूर्तियाँ को बनाया और सजाया जाता है। ये मूर्तियाँ देखने में बहुत ही सुंदर लगती हैं।

बहुत से गांवों में नाटक और रामलीला जैसे कार्यक्रम भी आयोजित किये जाते हैं। इन तीन दिनों में पूजा के दौरान लोग दुर्गा पूजा मंडप में फूल , नारियल , अगरबत्ती और फल लेकर जाते हैं और माँ दुर्गा का आशीर्वाद लेते हैं और सुख-समृद्धि की कामना करते हैं।

दुर्गा पूजा का कारण : नवरात्रियों में देवी दुर्गा की पूजा इसलिए की जाती है क्योंकि यह माना जाता है कि देवी दुर्गा ने 10 दिन और रात तक युद्ध करने के बाद महिषासुर नाम के राक्षस को मारा था। देवी दुर्गा के दस हाथ थे और सभी हाथों में विभिन्न हथियार भी थे। देवी दुर्गा की वजह से सभी लोगों को राक्षस महिषासुर से मुक्ति मिली थी जिसकी वजह से सभी लोग देवी दुर्गा की पूरी श्रद्धा के साथ पूजा करते हैं।

दुर्गा पूजा : इस त्यौहार पर देवी दुर्गा की पूरे नौ दिन तक पूजा की जाती है। पूजा के दिन स्थानों के अनुसार अलग-अलग होते हैं। माता दुर्गा के भक्त पूरे नौ दिन तक या केवल पहले या आखिरी दिन उपवास रखते हैं। दसवां दिन विजयदशमी के रूप में मनाया जाता है क्योंकि इस दिन देवी दुर्गा ने एक राक्षस के ऊपर विजय प्राप्त की थी।

माता दुर्गा जी की प्रतिमा को सजाकर प्रसाद , जल , कुमकुम , नारियल , सिंदूर आदि को सभी लोग अपनी क्षमता के अनुसार अर्पित करके पूजा करते हैं। ऐसा लगता है जैसे देवी दुर्गा आशीर्वाद देने के लिए सभी के घरों में जाती हैं। ऐसा माना

जाता है कि माता दुर्गा की पूजा करने से आनन्द , समृद्धि की प्राप्ति होती है और अंधकार का नाश तथा बुरी शक्तियाँ खत्म होती हैं।

मूर्ति का विसर्जन : पूजा के बाद लोग पवित्र जल में देवी दुर्गा जी की मूर्ति के विसर्जन के समारोह का आयोजन करते हैं। भक्त अपने घर उदास चेहरों के साथ लौटते हैं और माता से फिर से अगले साल बहुत से आशीर्वाद के साथ आने के लिए प्रार्थना करते हैं।

दुर्गा पूजा के प्रभाव : लोगों की लापरवाही के कारण यह पर्यावरण पर बड़े स्तर पर प्रभाव डालता है। देवी दुर्गा की प्रतिमा को बनाने और रंगने में जिन पदार्थों का प्रयोग किया जाता है वे स्थानीय पानी के स्त्रोतों में प्रदुषण का कारण बनते हैं।

इस त्यौहार से पर्यावरण के प्रभाव को कम करने के लिए सभी को प्रयत्न करने चाहिएँ। भक्तों को सीधे ही मूर्ति को पवित्र गंगा के जल में विसर्जित नहीं करना चाहिए और इस परंपरा को निभाने के लिए कोई अन्य सुरक्षित तरीका निकालना चाहिए।

उपसंहार : दुर्गा पूजा का उत्सव वास्तव में शक्ति पाने की इच्छा से मनाया जाता है जिससे विश्व की बुराईयों का नाश किया जा सके। जिस प्रकार देवी दुर्गा ने सभी देवी-देवताओं की शक्ति को इकट्ठा करके दुष्ट राक्षस महिषासुर का नाश किया था और धर्म को बचाया था उसी प्रकार हम अपनी बुराईयों पर विजय प्राप्त करके मनुष्यता को बढ़ावा दे सकें यही दुर्गा पूजा का यही संदेश होता है।

6
दशहरा पर निबंध

दशहरा पर निबंध

भूमिका : भारत एक ऐसा देश है जो अपनी संस्कृति, परम्परा, निष्पक्षता, और त्यौहारों के लिए बहुत प्रसिद्ध है। भारत एक मेलों और त्यौहारों का देश है जहाँ पर हर त्यौहार को उत्साह और विश्वास के साथ मनाया जाता है। इन त्यौहारों से हमें सच्चाई, आदर्श और नैतिकता की शिक्षा मिलती है।

हमारे प्रत्येक त्यौहार का किसी-न-किसी ऋतु से संबंध होता है। दशहरा शीत ऋतु के प्रधान त्यौहारों में से एक होता है। दशहरा आश्विन मास की शुक्ल दसमी की तारीख को मनाया जाता है। भारत में दशहरा पर्व हिन्दुओं की चिर संस्कृति का प्रतीक होता है। इस दिन श्री राम जी ने लंकापति रावण पर विजय प्राप्त की थी।

इसी वजह से इसे विजय दशमी भी कहा जाता है। दशहरा सितम्बर या अक्तूबर मास में मनाया जाता है। दशहरा एक जातीय त्यौहार है क्योंकि इसे सिर्फ हिन्दू ही नहीं बल्कि अन्य सम्प्रदाय के लोग भी मनाते हैं। इसका संबंध विशेष रूप से क्षत्रियों से होता है। इस त्यौहार का इंतजार लोग बड़े ही धैर्य के साथ करते हैं। इस दिन लोगों को एक दिन का अवकास प्रदान किया जाता है जिससे की लोग दशहरे के पर्व को को ख़ुशी और आनन्द से मना सकें।

मूल उद्देश्य : किसी भी त्यौहार को मनाने के पीछे हमेशा एक मूल उद्देश्य छिपा होता है। हमारे धर्म ग्रंथों में दशहरा से संबंधित कई घटनाएँ मिल जाती हैं। दशहरे के दिन माँ दुर्गा ने नौ दिन तक युद्ध करने के पश्चात दसवें दिन महिषासुर नामक राक्षस का वध किया था। इसी वजह से दशहरे के अवसर पर नवरात्रियों का बहुत महत्व होता है।

वीर पांडवों ने लक्ष्य को भेदकर द्रोपदी का वरण किया था। महाभारत युद्ध भी विजयदशमी को ही शुरू किया गया था। इसी दिन भगवान श्री राम ने दस दिन के घोर युद्ध के बाद आश्विनी मास की शुक्ल दशमी को रावण का वध किया था क्योंकि रावण के कारण देव और मानव दोनों ही बहुत परेशान थे। इस दिन श्री राम की विजय पर सभी ने खुशियाँ मनायी थीं।

मनाने का कारण : जब भगवान राम का वनवास चल रहा था तो रावण छल से सीता माता का अपहरण करके ले गया था। श्री राम ने सुग्रीव , हनुमान और अन्य मित्रों की सहायता से लंका पर आक्रमण किया और रावण को मारकर लंका पर विजय प्राप्त की थी। उसी दिन से यह दिन विजय दशमी के रूप में मनाया जाता है।

इसी दिन को भगवान श्री राम ने पाप पर पुन्य , अधर्म पर धर्म और असत्य पर सत्य की जीत का प्रतीक बनाया था। इस दिन श्री राम ने अत्याचारी रावण को मारकर भारतीय संस्कृति और उसकी महान परम्पराओं की पुनः प्रतिष्ठा स्थापित की थी।

दुर्गा पूजा : माँ दुर्गा ने इस दिन महिषासुर पर विजय प्राप्त की थी इसी ख़ुशी की वजह से माँ दुर्गा के श्रद्धालु इस दिन माँ दुर्गा की पूजा करते हैं माँ दुर्गा की आठ हाथों वाली मूर्ति बनाकर उसकी नौ दिनों तक पूजा की जाती है और इस अवसर पर बहुत से भक्त नवरात्रि का वृत भी रखते हैं दुर्गा पूजा का विशिष्ट महत्व विशेष रूप से बंगाल में है। इसके अतिरिक्त अन्य कई देशों में भी दुर्गा पूजा बहुत ही उल्लास और ख़ुशी के साथ मनायी जाती है।

शस्त्र पूजन : दशहरे को वर्षा ऋतु के अंत में मनाया जाता है। श्री राम की जीत के अतिरिक्त इस दिन का एक और भी महत्व है। प्राचीनकाल में लोग अपनी प्रत्येक यात्रा को इसी दिन शुरू करना शुभ मानते थे। वर्षा ऋतु के आने की वजह से क्षत्रिय राजा और व्यापारी अपनी यात्रा को स्थगित कर देते थे।

वर्षा ऋतु में क्षत्रिय अपने-अपने शस्त्रों को बंद करके रख देते थे और शीत ऋतु के आने पर ही निकालते थे। वे अपने शस्त्रों की पूजा करते थे और उनकी धार को और तेज करते थे। रजा लोग अपनी विजय यात्रा और रण यात्रा को भी इसी दिन से शुरू करते थे क्योंकि उस समय में बड़ी-बड़ी नदियों पर पुल नहीं होते थे।

वर्षा ऋतु में उन पुलों को पार करना असंभव होता था इसी वजह से जब वर्षा ऋतु खत्म हो जाती थी तभी यात्राओं का शुभारम्भ होता था। व्यापारी वर्षा ऋतु में माल खरीदते थे और वर्षा ऋतु के अंत में उसे बेचने के लिए चल देते थे। इसी समय पर साधू परमात्मा और उपदेशक धर्म का प्रचार करने के लिए अपनी यात्रा आरंभ

करते थे। उसी परम्परा के अनुसार आज भी लोग अपनी यात्राओं का शुभारम्भ दशहरे के दिनों से करते हैं।

झाँकियाँ : अलग-अलग स्थानों पर यह दिन अलग-अलग तरीके से मनाया जाता है। जो बड़े-बड़े नगर होते हैं वहाँ पर रामायण के सभी पात्रों की झांकियां निकाली जाती हैं। लोग इन झांकियों को बड़ी श्रद्धा और उत्साह के साथ देखते हैं। भारत की राजधानी दिल्ली का दशहरा बहुत ही प्रसिद्ध होता है।

दशहरे के दिन माँ दुर्गा की प्रतिमा को ट्रक और गाड़ियों में लादकर गलियों और बाजारों से एक जुलुस की तरह निकाला जाता है और फिर प्रतिमा को नदियों या फिर पवित्र सरोवरों और सागरों में विसर्जित कर दिया जाता है। इस अवसर पर लोग अपने-अपने घर में स्थापित प्रतिमा को बड़ी धूमधाम और नृत्य के द्वारा विसर्जित की विधि को पूरा करते हैं।

रामलीलाएँ : राम की रावण पर विजय के मौके पर नवरात्रियों में राम के जीवन पर आधारित रामलीला का आयोजन किया जाता है। रामलीला की धूम को उत्तर भारत में स्पष्ट रूप से देखा जा सकता है। दिल्ली में रामलीला मैदान, परेड ग्राउंड और कई जगहों पर वृद्ध रूप से रामलीला का आयोजन किया जाता है।

दशहरे का दिन रामलीला का अंतिम दिन होता है। दशहरे के दिन पर रावण, कुंभकर्ण और मेघनाथ के पुतले बनाये जाते हैं। इन पुतलों में अनेक प्रकार के छोटे और बड़े बम्बों को लगाया जाता है। शाम के समय में राम और रावण के दलों में कृत्रिम लड़ाई करवाई जाती है और राम रावण को मार कर लंका पर विजय प्राप्त करते हैं।

इसके पश्चात रावण, कुंभकर्ण और मेघनाथ के पुतलों को जलाया जाता है तब पटाखों की आवाज करते हुए जलते पुतलों को देखने का आनन्द ही अलग होता है। पुतलों को नष्ट करने के बाद राम के राज तिलक का अभिनय किया जाता है जिसे देखकर प्रत्येक व्यक्ति का ह्रदय आनन्दमग्न हो जाता है। दशहरे के अवसर पर जगह-जगह पर मेला लगाया जाता है और लोग मिठाईयां और खिलौनों को लेकर घर जाते हैं।

बुराई पर अच्छाई की विजय : हमारा भारत एक धर्म प्रधान देश है। भारत के सभी पर्वों का संबंध धर्म , दर्शन और अध्यात्म से होता है। माँ दुर्गा और भगवान श्री राम ये दैवीय शक्ति अथार्त सत्य के प्रतीक हैं इसके विपरीत महिषासुर , रावण , मेघनाथ और कुम्भकर्ण ये सभी आसुरी शक्ति के अथार्त असत्य के प्रतीक थे इसलिए विजयदशमी दैवीय शक्ति आसुरोई शक्ति पर या असत्य पर सत्य की विजय का प्रतीक है।

हमारे अंदर दैवीय और असुरी दोनों प्रकार की शक्तियाँ विद्यमान होती हैं जो हमेशा हमें शुभ और अशुभ कामों के लिए प्रेरित करती हैं। जो व्यक्ति अपनी असुरी शक्तियों पर विजय प्राप्त कर लेता है केवल वही अपने इवन में श्री राम और माँ दुर्गा की तरह महान बन पाता है।

इसके विरुद्ध जो व्यक्ति असुरी शक्तियों के अधीन होता है वह रावण और महिषासुर जैसा बन जाता है। दशहरे को मनाने से हमें उस दिन की याद आती है जब श्री राम ने अपनी संस्कृति का विदेशों में भी प्रसार किया था और आर्य समाज की नीव को लंका में रखा था। श्री राम जी की तरह के पितृ भक्त और लक्ष्मण जैसे भ्रातृभक्त और सीता माता की तरह की पतिवृता और धैर्य से काम लेने वाली तथा हनुमान की तरह का स्वामी भक्त बनने की हमेशा प्रेरणा मिलती है।

उपसंहार : हमें केवल अपने त्यौहारों को परम्परागत ढंग से मनाना ही नहीं चाहिए बल्कि उनके आदर्शों पर चलकर अपने जीवन को चरितार्थ करना चाहिए। हमें माँ दुर्गा की तरह बनने का प्रयास करना चाहिए जिस प्रकार उन्होंने कल्याणार्थ के लिए बड़े-बड़े काम किये थे उसी तरह हमें भी लोगों की सेवा हेतु हमेशा तत्पर रहना चाहिए।

दशहरे के दिन कुछ असभ्य लोग शराब पीते हैं और आपस में लड़ाई झगड़ा करते हैं। यह बात अच्छी नहीं है। अगर व्यक्तियों द्वारा इस त्यौहार को ठीक तरीके से मनाया जाता है तो इससे कई प्रकार के आशातीत लाभ मिलते हैं। राम के जीवन पर प्रकाश डालें और उस समय के इतिहास को ध्यान में रखें।

इस तरह से दशहरा हमें उन गुणों को धारण करने का उपदेश देता है जो गुण राम में विद्यमान थे। दशहरा मेला उत्सव का मुख्य आकर्षण है। शहरों में सभी लोगों के लिए मेले का आयोजन किया जाता है और बच्चों के खेलने के लिए गेमों का आयोजन भी किया जाता है। कोटा मेला और मैसूर मेला दशहरे के प्रसिद्ध मेले हैं।

7
पोंगल पर निबंध

पोंगल पर निबंध

भूमिका : पोंगल का अर्थ होता है परिपूर्ण। इसी दिन लोगों के घर खुशियों और धन से भरे होते हैं। पोंगल किसानों का त्यौहार होता है। पोंगल त्यौहार को मुख्य रूप से दक्षिण भारत में मनाया जाता है। ये त्यौहार चार दिनों तक मनाया जाता है। यह चार दिन का त्यौहार उन देवताओं को समर्पित होता है जो कृषि से संबंधित होते हैं।

पोंगल त्यौहार के दिन जो प्रसाद भगवान सूर्य देव को भोग लगाने के लिए बनाया जाता है उसे पोंगल कहते हैं इसी वजह से इसका नाम पोंगल पड़ा। पोंगल के त्यौहार को तमिलनाडू में फसल काटने की खुशी में मनाया जाता है। विशेष रूप से यह किसानी त्यौहार होता है। इसे जनवरी महीने के बीच में मनाया जाता है। इस त्यौहार को लोग अपनी अच्छी फसल होने की वजह से मनाते हैं। इसमें चारों दिनों का अपना अलग महत्व होता है।

पोंगल का इतिहास : पोंगल तमिलनाडू का एक प्राचीन त्यौहार है। हरियाली और संपन्नता को समर्पित पोंगल त्यौहार के दिन भगवान सूर्य देव जी की पूजा अर्चना की जाती है और भोग लगाया जाता है। जो प्रसाद भगवान को भोग लगाया जाता है उसे ही पोंगल कहते हैं। इसी वजह से इस त्यौहार का नाम पोंगल पड़ा था।

पोंगल का इतिहास 200 से 300 ईस्वी पूर्व का हो सकता है। हालाँकि पोंगल को एक द्रविड़ फसल के त्यौहार के रूप में मनाया जाता है। इस त्यौहार का संस्कृत के पुराणों में भी उल्लेख मिल जाता है। कुछ पौराणिक कहानियां पोंगल त्यौहार के साथ जुडी हुई है। पोंगल से जुडी दो कहानियां हैं।

एक पौराणिक कथा के अनुसार एक बार भगवान शिव ने अपने बैल को स्वर्ग से पृथ्वी पर जाकर मनुष्यों को एक एक संदेश देने के लिए कहा। भगवान शिव ने कहा की उन्हें हर रोज तेल से स्नान करना चाहिए और महीने में एक बार खाना खाना चाहिए। लेकिन बसवा ने भगवान शिव की आज्ञा के विपरीत संदेश लोगों को दिया।

बसवा ने लोगों से कहा कि उन्हें एक दिन तेल से स्नान करना चाहिए और रोज खाना खाना चाहिए। बसवा की इस गलती से भगवान शिव बहुत क्रोधित हुए थे और उन्होंने बसवा को श्राप दिया था। बसवा को स्थायी रूप से धरती पर रहने के लिए कैलाश से निकाल दिया गया था।

उन्हें किसानों की अधिक अन्न उत्पन्न करने के लिए मदद करनी होगी। इस तरह से यह दिन मवेशियों से संबंधित है। इसी तरह से इस दिन की एक और पौराणिक कथा भी है जो भगवान कृष्ण और भगवान इंद्र से जुडी हुई है। जब भगवान कृष्ण छोटे थे तो उन्होंने भगवान इंद्र को सबक सिखाने का फैसला लिया था क्योंकि वे देवताओं के राजा बन गये थे इसलिए उनमे अभिमान आ गया था।

भगवान श्री कृष्ण ने अपने गाँव के लोगों को भगवान इंद्र की पूजा न करने के लिए कहा। इस बात से भगवान इंद्र बहुत क्रोधित हुए। उन्होंने बादलों को तूफान लेने और तीन दिन तक लगातार बारिश करने ले लिए बादलों को भेजा। इस तूफान से पूरा द्वारका तहस-नहस हो गया था।

उस समय सभी लोगों की रक्षा करने के लिए भगवान श्री कृष्ण ने गोवर्धन पर्वत को अपनी छोटी से ऊँगली पर उठा लिया था। उस समय इंद्र को अपनी गलती का अहसास हुआ था तब उन्होंने भगवान कृष्ण की शक्ति को समझा था। भगवन श्री कृष्ण ने विश्वकर्मा से द्वारका को दुबारा से बसने के लिए कहा और ग्वालों ने अपनी गायों के साथ फिर से खेती की थी।

हार्वेस्ट महोत्सव : पोंगल एक फसल का उत्सव होता है जो जनवरी महीने के बीच में आता है। यह तमिलनाडू के लोगों का प्रमुख त्यौहार होता है। सीजन में लोगों को ग्रामीण तमिलनाडू में व्यस्त कर दिया जाता है। स्त्री , पुरुष और बच्चे सभी खेतों में फसल लगाने के लिए खेतों में आयंगे।

क्योंकि चावल को भगवान को पेश किया जाता है तो इसे रसोई में पका सकते हैं अंगन में या किसी खुले स्थान पर भी पकाया जा सकता है भगवान को यह देखने के लिए कि लोगों ने उन्हें कितना उत्साह दिलाया है। जिस क्षेत्र में धान होते हैं वह क्षेत्र ऐसे लगता है जैसे हरे समुद्र की लहरें दिखाई देती हैं। ये देखकर किसान का मन ख़ुशी से भर जाता है। ऐसा दृश्य तमिलनाडू के लोगों के दिमागदार दिल को

कमजोर कर देता है।

पोंगल कैसे मनाते हैं : पोंगल के त्यौहार को एक दिन नहीं बल्कि चार दिन तक मनाया जाता है। इस त्यौहार को हिन्दू धर्म के साल भर में आने वाले त्यौहारों में से एक माना जाता है। इसके महत्व के तथ्य से यह निहित है की इस दिन भगवान को फसल के लिए उत्कर्ष मौसम के लिए धन्यवाद किया जाता है।

पोंगल को तमिल शब्द से लिया गया है जिसका अर्थ होता है उबलना। इस त्यौहार को जनवरी से फरवरी के बीच आयोजित किया जाता है। इस मौसम में विभिन्न प्रकार के अनाजों को पैदा किया जाता है जैसे – चावल , गन्ना , हल्दी आदि लेकिन इसके अलावा तमिलनाडू में खाना पकाने में अनिवार्य होने वाली फसल काटी जाती हैं।

तमिल कैलेंडर के हिसाब से पोंगल के लिए जनवरी के महीने के बीच का समय साल का सबसे महत्वपूर्ण होता है। तमिलनाडू के इस त्यौहार को 14-15 जनवरी को मनाया जाता है। यह त्यौहार मौसमी चक्र के साथ मानव जाति को ठीक से संतुष्ट करने की पेशकश करने का त्यौहार होता है। परम्परागत रूप से देखा जाये तो इस महीने में शादियाँ बहुत होती हैं। यह परम्परा उन लोगों के लिए कृषि के आयोजन के लिए होती है जो कृषि से संबंध रखते हैं।

पोंगल के चार दिन : पोंगल चार दिवसीय त्यौहार होता हैं। पोंगल त्यौहार के ये चार दिन बहुत ही महत्वपूर्ण होते हैं। पहला दिन भोंगी पोंगल होता है, दूसरा दिन सूर्य पोंगल होता है, तीसरा दिन मुत्तु पोंगल होता है और चौथा दिन कानुम पोंगल होता है।

पोंगल का पहला दिन : पोंगल का पहला दिन भोगी पोंगल होता है। इस दिन लोग अपने घरों में मिट्टी के बर्तनों पर कुमकुम और स्वस्तिक लगाते हैं। इस दिन घर के कोने-कोने में साफ-सफाई की जाती है। पोंगल त्यौहार के पहले दिन भगवान इंद्र की पूजा की जाती है क्योंकि भगवान इंद्र को बादलों का शासक कहते हैं और वो ही वर्षा करते हैं।

अगर अच्छी फसल चाहिए तो बारिस का होना बहुत ही जरूरी है। फसल की प्रचुरता के लिए भगवान इंद्र को श्रद्धांजलि दी जाती है। इस दिन एक अनुष्ठान और मनाया जाता है जिसे भोगी मंतालू भी कहते हैं। अच्छी फसल होने की वजह से किसान खुशी के साथ भगवान इंद्र जी की आराधना करते हैं और उनका शुक्रिया करते हैं।

भगवान से अपने ऊपर आशीर्वाद को बनाए रखने के लिए कहते हैं जिससे उनके घर और देश में धन और सुख की समृद्धि बनी रहे। इस दिन घर के बेकार

सामान को गाय के उपलों और लकड़ी से जला दिया जाता है। इस आग के चारों ओर लड़कियां नाचती हैं और भगवान के लिए गीत गाती हैं।

पोंगल का दूसरा दिन : पोंगल का दूसरा दिन सूर्य पोंगल होता है। सूर्य पोंगल वाले दिन घर का जो सबसे बड़ा सदस्य होता है वो सूर्य देव के भोग के लिए पोंगल बनाता है। इस दिन पूजा या कृत्रिम पूजा का काम तब किया जाता है जब पोंगल को अन्य दैवीय वस्तुओं के साथ सूर्य देव को अर्पण किया जाता है।

पोंगल को मिट्टी से बने बर्तन में चावल और पानी डालकर बनाया जाता है। इस तरीके से जो चावल पकाए जाते हैं उन्हें ही पोंगल कहते हैं। सूर्य पोंगल के दिन लोग पारंपरिक पोषक और चिन्हों को पहनते हैं। सूर्य पोंगल के दिन लोगों द्वारा कोलाम बनाया जाता है यह एक शुभ चिन्ह होता है।

कोलाम को सुबह-सुबह नहा धोकर घर में सफेद चूने के पाउडर से बनाया जाता है।इस तरह से जो चावल पकते हैं उनसे भगवान सूर्य की पूजा की जाती है। सूर्य भगवान से हमेशा अपने ऊपर कृपा बनाए रखने के लिए प्रार्थना की जाती है।

इस दिन एक रोचक अनुष्ठान भी किया जाता है जहाँ पर पति और पत्नी पूजा के बर्तनों को आपस में बाँट लेते हैं। गाँवों में पोंगल त्यौहार उसी भक्ति के साथ मनाया जाता है। अनुष्ठान के अनुसार हल्दी के पौधे को उस बर्तन के चारों ओर बांधा जाता है जिसमें चावलों को उबाला जाता है।

पोंगल का तीसरा दिन : पोंगल का तीसरा दिन मट्टू पोंगल होता है। मट्टू पोंगल वाले दिन गाय की विशेष पूजा और अर्चना की जाती है। इस दिन गाय को सजाया जाता है गाय के गले में घंटियाँ बांधी जाती है और फूलों की माला बांधी जाती है उसके बाद गाय की पूजा की जाती है।

मवेशियों की घंटियों की आवाज ग्रामीणों को आकर्षित करती हैं और लोग अपने मवेशियों को आपस में दौडाते हैं। किसान के लिए गाय को बहुत महत्वपूर्ण माना जाता है। गाय ही किसान को दूध और खाद देती है। इस दिन गाय को पोंगल खिलाया जाता है और गाय के अलावा और पशुओं का भी आदर सत्कार किया जाता है।

क्योंकि पशु किसान का हर पल साथ देते हैं। पशु किसान की फसल की सिंचाई से लेकर फसक की कटाई तक मदद करते हैं। पशु किसान के सुख-दुःख में उसका साथ देते हैं इसी वजह से हिन्दू धर्म में भी पशुओं को पूजा जाता है। मट्टू पोंगल के दिन गांवों में हर किसान अपने गाय बैलों को पूजता है।

मट्टू पोंगल के दिन का एक और महत्व होता है। इस दिन सभी औरतें अपने भाइयों के अच्छे जीवन की कामना करता है। इस दिन घरों में स्वादिष्ट मिठाईयां

बनाई जाती हैं और भेट के रूप में दी जाती हैं।

पोंगल का चौथा दिन : पोंगल का चौथा दिन कानुम पोंगल होता है। इस दिन सभी लोग और सदस्य एक साथ रहते हैं और एक साथ खाना खाते हैं। इस दिन हल्दी के पत्ते को धोकर इसमें खाना परोसा जाता और इस पर खासकर मिठाई, चावल , गन्ना , सुपारी परोसे जाते हैं।

इस दिन लोग अपने से बड़े लोगों का आशीर्वाद लेते हैं और अपने से छोटों को प्यार और उपहार देते हैं । इस दिन को बहुत ही ख़ुशी के साथ मनाया जाता है। इस दिन महिलाएं अपने भाइयों की चूना पत्थर और तेल के साथ आरती करती हैं और उनके उज्ज्वल भविष्य की कामना करती हैं।

पोंगल के आकर्षण : पोंगल त्यौहार को दक्षिण भारत में बहुत जोर-शोर से मनाया जाता है। इस दिन लोग अपने घरों को सजाते हैं। इस दिन बैलों की लड़ाई का आयोजन किया जाता हौ जो काफी प्रसिद्ध होता है।

रात के समय लोग सामूहिक भोजन का आयोजन करते हैं और एक-दूसरे को मंगलमय वर्ष की हार्दिक शुभकामनाएँ देते हैं। इस दिन लोग फसल और जीवन में रोशनी के लिए भगवान सूर्य के प्रति कृतज्ञता व्यक्त करते हैं।

8

ओणम पर निबंध

ओणम पर निबंध

भूमिका : भारत विविधता में एकता का देश है। भारत में तरह-तरह की जातियाँ और लोग रहते हैं। इस देश की संस्कृति अपने आप में आलौकिक है और अविस्मरणीय है इसका वर्णन करते हम कभी भी नहीं थकते हैं। भारत एक ऐसा देश है जहाँ पर हर दिन हर महीने कोई-न-कोई त्यौहार मनाया जाता है।

ओणम भी उन त्यौहारों में से एक है। ओणम एक बहुत ही प्राचीन त्यौहार है जो बड़े ही हर्षोल्लास के साथ मनाया जाता है। ओणम के साथ-साथ चिंगम महीने में केरल में चावल की फसल का त्यौहार और वर्षा के फूल का त्यौहार मनाया जाता है। मलयाली और तमिल लोग ओणम को बहुत ही धूम-धाम से मनाते हैं।

ओणम केरल का एक बहुत ही प्रमुख त्यौहार है। ओणम को चिंगम महीने में मनाया जाता है। ये मलयालम कैलेंडर का पहला महिना होता है। यह अगस्त-सितम्बर के महीने में ही आता है। दूसरे सोलर कैलेंडर में इसे सिम्हा महीना भी कहते हैं। तमिल कैलेंडर के अनुसार इसे अवनी महिना भी कहते हैं। जब थिरुवोणम नक्षत्र चिंगम महीने में आता है उस दिन ओणम का त्यौहार होता है।

राजा महाबलि की परीक्षा : महाबलि प्रहलाद के पोते थे। प्रहलाद जो हिरण्यकश्यप असुर के बेटे थे। लेकिन फिर भी प्रहलाद विष्णु के भक्त थे। महाबलि भी प्रहलाद की तरह भगवान विष्णु के भक्त थे। समय आगे बढ़ता गया और वे बड़े होते गये।उनका साम्राज्य स्वर्ग तक फैला हुआ था इस बात से उनकी प्रजा बहुत खुश थी।

देवी देवता विष्णु भगवान की अर्चना करने लगे। विष्णु भगवान ने वामन के वेश में उनके सामने गये। विष्णु जी ने तीन पग मीन का दान माँगा था। राजा बलि

इस बात को बहुत ही साधारण समझ रहे थे लेकिन यह साधारण बात नहीं थी। जब राजा बलि ने तीन पग जमीन देने के लिए हामी भर दी तो भगवान विष्णु ने अपना विराट रूप ले लिया।

उन्होंने अपने एक पग से पूरी धरती को नापा और दूसरे पग से आकाश को लेकिन तीसरे पग के लिए कुछ नहीं बचा तो राजा बलि ने अपना शरीर अर्पित कर दिया।क्योंकि राजा बलि ने अपना सब कुछ दान कर दिया था तो वे धरती पर नहीं रह सकते थे। विष्णु भगवान ने उन्हें पाताल लोक जाने के लिए कहा।

लेकिन जाने से पहले भगवान विष्णु ने उनसे एक वरदान मांगने के लिए कहा था।राजा बलि गरीबों को बहुत दान देते थे। राजा बलि अपनी प्रजा से बहुत प्यार करते थे तो उन्होंने साल में एक दिन धरती पर आकर अपनी प्रजा को देखने का वरदान माँगा। भगवान विष्णु ने उनके इस वरदान को स्वीकार कर लिया।

ऐसा माना जाता है कि श्रावण मास के श्रवण नक्षत्र में राजा बलि अपनी प्रजा को देखने के लिए खुद धरती पर आते हैं। मलयालम में श्रवण नक्षत्र को ओणम कहते हैं इसी लिए इस पर्व का नाम भी ओणम पड़ गया। तभी से इस त्यौहार को ओणम के नाम से मनाया जाने लगा।

ओणम का महत्व : यह फसल उत्सव भी होता है। यह त्यौहार आमतौर पर अगस्त या फिर सितंबर के महीने में आता है। ओणम त्यौहार के दिन कई तरह के नृत्य प्रस्तुत करने की परम्परा है। इस दिन केरल का सबसे लोकप्रिय कथकली नृत्य का बहुत बड़े पैमाने पर आयोजन लिया जाता है।

इस दिन औरतें सफेद साड़ी पहनती हैं और बालों पर फूलों की वेणियों को सजाकर नृत्य करती हैं। ये सभी कार्यक्रम इस दिन व्यापक रूप से किये जाते हैं। इन कार्यक्रमों में सभी लोग बहुत ही बढ़-चढकर हिस्सा लेते हैं। ओणम का त्यौहार अपने साथ सुख-समृद्धि, प्रेम-सौहार्द और परस्पर प्यार और सहयोग का संदेश लेकर आता है।

ओणम त्यौहार के पीछे चाहे कोई भी कहानी हो लेकिन यह बात तो स्पष्ट हैं कि यह हमारी संस्कृति का एक आईना है। यह हमारी भव्य विरासिता का प्रतीक होता है।यह हमारे जीवन की ताजगी है। यह चाहे साल भर में एक बार आता हो लेकिन इस दिन में यह हमें ऐसी ताजगी देकर जाता है जो हमारी धमनियों में सालभर नये पन का संचार करती रहती हैं।

पुराणों में ओणम : ओणम के त्यौहार को राजा महाबलि की याद में मनाया जाता है। ओणम का त्यौहार राजा महाबलि से जुड़ा हुआ है। ओणम पर्व को राजा महाबलि के सम्मान में मनाया जाता है लोगों का मानना है कि इस दिन भगवान

विष्णु अपने पांचवे अवतार वामन के रूप में चिंगम मास के दिन धरती पर आकर राजा महाबलि को पाताल लोक भेजा दिया था। ओणम त्यौहार सदियों से चला आ रहा है। इस त्यौहार को राजा महाबलि की उदारता और समृद्धि की याद में मनाया जाता है।

इतिहास में ओणम : कुछ लोगों का मानना है की ओणम त्यौहार का प्रारंभ संगम काल में हुआ था। ओणम के पर्व से संबंधित उल्लेख कुलसेकरा पेरूमल के समय में मिल जाते हैं। उन दिनों में ओणम त्यौहार पूरे महीने चलता है। ओणम को केरल में सबसे प्रमुख त्यौहार माना जाता है।

ओणम त्यौहार फसलों की कटाई से संबंधित होता है। शहर में भी इस त्यौहार को बहुत हर्षोल्लास के साथ मनाया जाता है। ओणम त्यौहार को मलयालम कैलेंडर के पहले महीने चिंगम के शुरू में मनाया जाता है। ओणम त्यौहार चार से दस दिन चलता है।

ओणम के दस दिन : ओणम त्यौहार को दस दिन तक मनाया जाता है। इसमें पहला और दसवाँ दिन सबसे अधिक महत्वपूर्ण होता है। केरल के सभी लोग इस उत्सव में शामिल होते हैं।

1. पहला दिन : इस दिन राजा महाबलि जी पाताल से केरल जाने की तैयारियां करते हैं। इस दिन से ही ओणम त्यौहार की तैयारियां शुरू हो जाती हैं। ओणम के दिन के लिए घर की सफाई होनी शुरू हो जाती है। बाजार भी मुख्य रूप रूप सजाये जाते हैं और चारों तरफ त्यौहार का माहौल बन जाता है।

2. दूसरा दिन चिथिरा होता है इस दिन फूलों का कालीन जिसे पुक्कलम कहते हैं बनाना शुरू करते हैं। पुक्कलम को ओणम त्यौहार तक बनाया जाता है। ओणम त्यौहार के दिन पुक्कलम बनाने की प्रतियोगिता रखी जाती है।

3. तीसरा दिन चोधी होता है इस दिन पुक्कलम में 4 से 5 तरह के फूलों से अगली परत बनती है।

4. चौथा दिन विशाकम होता है इस दिन से कई तरह की प्रत्योगितायें होनी शुरू हो जाती हैं।

5. पांचवां दिन अनिज्हम होता है इस दिन नाव की दौड़ की तैयारियां की जाती हैं।

6. छटा दिन थ्रिकेता होता है इस दिन से छुट्टियाँ शुरू हो जाती हैं।

7. सातवाँ दिन मूलम होता है इस दिन मन्दिरों में विशेष प्रकार की पूजा की जाती है।

8. आठवाँ दिन पूरादम होता है इस दिन महाबलि और वामन की मूर्तियाँ घर में स्थापित की जाती हैं।

9. नौवां दिन उठ्रादोम होता है इस दिन महाबलि केरल राज्य में प्रवेश करते हैं।

10. दसवाँ दिन थिरुवोनम होता है इस दिन ही ओणम त्यौहार होता है।

कैसे मनाया जाता है ओणम : ओणम को महाबलि की वजह से मनाया जाता है।केरल प्रदेश पर राज्य करने वाला महान राजा महाबलि था। माना जाता है कि महाबलि महाप्रतापी , आदर्श , धर्मपरायण और सत्पुरुष थे। माना जाता है कि उनके राज्य में सुख-स्मृद्धि की बहुलता थी।

उनकी लोकप्रियता इतनी बढ़ चुकी थी कि वे अपनी प्रजा के लिए राजा नहीं भगवान बन चुके थे। राज्य में प्रत्येक जगह पर उनकी पूजा होने लगी। देवता इस बात को सहन न कर सके और देवराज इंद्र ने एक षड्यन्त्र किया। देवराज इंद्र ने भगवान विष्णु से सहायता मांगी।

विष्णु भगवान वामन का वेश बनाकर महाबलि के सामने आये और उन्हें वचन देने के लिए विवश कर लिए उसके बाद उन्होंने उनसे केवल तीन पग जमीन मांगी।उन्हीं की याद में ओणम त्यौहार मनाया जाता है। ओणम त्यौहार के दिन पूरी जनता अपने राजा के इंतजार में अपने घरों को सजाती है।

इस दिन चारों ओर ख़ुशी का वातावरण छाया हुआ होता है। इस दिन दीप जलाये जाते हैं और वन्दनवार लगाये जाते हैं। हर प्रकार से धरती को सजाया जाता है।रंगोली से धरती को सजाया जाता है और उस धरती पर भगवान विष्णु और राजा बलि की मूर्तियों की स्थापना की जाती है।

दोनों की बहुत ही भव्य तरीके से पूजा की जाती है। सभी लोग नए कपड़े पहनते हैं और भिन्न-भिन्न प्रकार के नृत्य पेश करते हैं। मन्दिरों में बहुत ही भव्य प्रकार के उत्सव मनाये जाते हैं। बहुत से मनोरंजन के कार्यक्रम किये जाते हैं जैसे – नौका दौड़ और हाथियों का जुलूस। इन कार्यक्रमों को करने के पीछे लोगों का उद्देश्य होता है कि उनके राजा उन्हें खुश और प्रसन्न देख सकें। इस दिन सभी लोग महाबलि की याद में दिल खोलकर दान देते हैं।

उपसंहार : ओणम के त्यौहार पर घरों और केरल को दुल्हन की तरह सजा दिया जाता है हर घर के सामने रंगोली बनाई जाती है। ओणम के त्यौहार में केरल की स्मृद्धि को व्यापक रूप से देखा जा सकता है। ओणम त्यौहार के दिन लोक नृत्य , खेल , साँप बोत की दौड़ , गाने , स्वादिष्ट भोजन बनाए जाते हैं।

राजा महाबलि लोगों के आदर्श थे वे बहुत ही दानी थे। ओणम के दिन अमीर लोग गरीबों को दिल खोलकर दान करते हैं। ओणम के दिन को लोग बहुत ही

हर्षोल्लास के साथ मनाते हैं जिसका पता लोगों के चेहरों को देखकर लगाया जा सकता है।

9

ईद पर निबंध

ईद पर निबंध

भूमिका : विश्व में केवल भारत ही एक ऐसा देश है जहाँ पर अनेक धर्मों को मानने वाले लोग रहते हैं। ईद को मुसलमानों का बहुत बड़ा त्यौहार माना जाता है। ईद को दुनियाभर में बड़े ही उल्लास और धूम-धाम के साथ मनाया जाता है। सभी लोग ईद का महीनों से इंतजार करते हैं।

कोई भी गरीब हो या अमीर सभी लोग अपने सामर्थ्य के अनुसार नए कपड़े पहनते हैं और इन्हीं नए कपड़ों को पहनकर ही ईद की नमाज को पढने के लिए ईद गाह पर जाते हैं। प्रत्येक घर में मीठी-मीठी सिवईयाँ बनती है जिन्हें वे खुद खाते हैं और अपने मित्रों को तथा संबंधियों को भी खिलाते हैं।

ईद के त्यौहार के आने से 20 दिन पहले ही दुकाने सिवईयों से लद जाती हैं। ईदुल फितर कत्युहार रमजान के महीने की तपस्या , त्याग और वृत के बाद आता है।ईदुल फितर के दिन चारों तरफ ख़ुशी और मुस्कान छाई रहती है। प्रत्येक व्यक्ति ईद मनाकर खुद को सौभाग्यशाली समझता है।

पृष्ठभूमि : ईद का पूरा नाम ईदुल फितर होता है। ईदुल फितर में फितर शब्द फारसी भाषा का शब्द होता है जिसका अर्थ होता है अदा करना। इसे नमाज पढने से पहले अदा किया जाता है। दूसरी ईद को ईदुल्जुहा या बकरीद कहा जाता है। पैगम्बर हजरत मुहंमद ने बद्र के युद्ध में सफलता हासिल की थी जिसकी ख़ुशी से यह त्यौहार मनाया जाता है।

ईदुल फितर का त्यौहार हमेशा रमजान के महीने के बाद ही आता है। रमजान के पूरे महीने वृत करना पड़ता है। प्रत्येक स्वस्थ मुसलमान रोजा रखता है। इस दिन न तो कुछ खता है और न ही कुछ पीता है। जब उन्तीसवीं और तीसवीं रमजान

होती है तभी से चाँद कब होगा जैसी आवाजें चारों तरफ से आने लगती हैं।

ऐसा माना जाता है कि जिस संध्या को शुक्ल पक्ष का चाँद दिखाई देता है उसके अगले दिन ही ईदुल फितर का त्यौहार बड़े उल्लास के साथ मनाया जाता है। ईदुल अजाह के दिन हाजी हजरात का हज पूरा होता है और पूरे संसार के लोग कुरबानी देते हैं।

शरीयत के अनुसार हर उस औरत और आदमी को कुरबानी देने का अधिकार होता है जिसके पास 13 हजार रुपए होते हैं। रमजान का महीना मुसलमान लोगों में बहुत महत्व रखता है। उनकी नजर में यह आत्मा को शुद्ध करने का महिना होता है।

चन्द्रदर्शन :- कभी कभी जब चन्द्रोदय का समय होता है तभी पश्चिमी आकाश के बादल आ जाते हैं तब अटारियों पर चन्द्र दर्शन के लिए चढने वाले लोगों को बड़ी निराशा होती है लेकिन कुछ समय बाद जब ढोल पर डंके की आवाज सुनाई देने लगती है तो खबर मिलती है कि चाँद दिखाई दे गया है।

रमजान का महिना खत्म हो जाता है और अगले दिन ईद होती है। ईद के मुबारक मौके पर सभी लोगों के चेहरे पर एक नई चमक आ जाती है। रमजान के महीने में रोजा रखना एक मुसलमान का फर्ज बताया जाता है।

रोजे के दौरान सूर्योदय से लेकर सूर्यास्त तक कुछ भी खाने की इजाजत नहीं होती है लेकिन सूर्यास्त के समय पर ही कुछ खाकर रोजे को खोल लिया जाता है। सूर्यास्त और सूर्योदय के बीच में ही खा पी सकते हैं। जिस दिन चाँद रात होती है उस दिन लोगों की ख़ुशी का ठिकाना ही नहीं रहता है।

भाई चारे का त्यौहार :- ईद हमारे देश का एक पावन पर्व है। जिस तरह से होली मिलन का त्यौहार है उसी तरह से ईद भी भाईचारे का त्यौहार है। ईद की नमाज को पढने के बाद मिलन का कार्यक्रम ईदगाह से ही शुरू हो जाता है। लोग एक-दूसरे के गले लगते हैं और एक-दूसरे को ईद की बधाई देते हैं।

यही क्रम दिन भर चलता रहता है। इस मौके पर बिना किसी भेदभाव के लोग एक-दूसरे को गले लगाते हैं और अपने घर पर आने वाले को सिवईयाँ भी खिलाते हैं। हम सब जानते हैं कि हमारे देश में सभी धर्मों को मानने वाले लोग साथ-साथ रहते हैं। ईद और होली जैसे पवित्र त्यौहारों पर वे प्रेमपूर्वक एक-दूसरे के गले लगते हैं।

दोनों ही ईदों का शरीयत के मुताबिक बहुत महत्व होता है। ईद से सामाजिक भाईचारे की भावना बढती है। ईद पर खासतौर पर दूसरे धर्मों के लोग अधिक मुबारक बाद देते हैं। वास्तविक रूप में ईद का पर्व समाज में खुशियाँ फ़ैलाने ,

पड़ोसियों के सुख में भागीदार बनने और जन-जन के बीच में सौहार्द फ़ैलाने की महत्वपूर्ण भूमिका निभाता है।

मेलों का आयोजन :- जिस दिन ईद होती है उस दिन ईदगाह के आस-पास मेले भी लगते हैं। स्त्रियों और बच्चों के लिए वे विशेष रूप से आकर्षण का केंद्र होते हैं। इन मेलों में चीजें बेचने वाले दुकानदार तरह-तरह की चीजों से अपनी दुकानों को सजाते हैं।

इन मेलों में घर-गृहस्थी की भी बहुत सी चीजें मिलती हैं जिनको खरीदने के लिए औरतें साल भर ईद के आने का इंतजार करती हैं। जो बड़े लोग होते हैं वे बच्चों के लिए ही इन मेलों में जाते हैं। मेले में लोग अपनी दुकानों को इस तरह से सजाते हैं जिससे लोग आकर्षित हो जाते हैं।

बच्चे और बहुत से लोग मेले में अपने मनपसन्द सामानों को खरीदने के लिए आते हैं। इन मेलों से सबसे अधिक महिलाएं आकर्षित होती हैं। मेले में बहुत भीड़ होती है सभी लोग अपने-अपने मनपसन्द स्थान पर जाते हैं जिसे जो चाहिए होता है वो उसको खरीदने के लिए उसके मिलने वाले स्थान पर पहुंच जाता है। यहाँ पर सभी की जरूरत की चीजें मिल जाती है और सभी प्रकार की वस्तुएँ मिलती हैं।

उपसंहार :- सभी भारतीय त्यौहार चाहे वो ईद हो या होली , बैसाखी हो या बड़ा दिन ये पूरे समाज के त्यौहार बन जाते हैं और देश के वासियों में एक नई चेतना , एक नई उम्मंग भर देते हैं। लोग अपने जीवन की हर समस्या को भूलकर त्यौहार के हर्ष और उल्लास में पूरी तरह से मग्न हो जाते हैं।

ईद के दिन लोग अपनी दुश्मनी को भूलकर एक दूसरे के साथ गले मिलते हैं और ईद की मुबारकबाद देते हैं। इस दिन लोग अपने घर पर आने वाले लोगों को भोजन करवाते हैं चाहे वो उनका मित्र हो , संबंधी हो या फिर शत्रु हो। इससे भाईचारे की भावना बहुत विकसित होती है।

10

गणेश चतुर्थी पर निबंध

गणेश चतुर्थी पर निबंध

भूमिका : भगवान गणेश, माता पारवती और भगवान शिवजी के पुत्र हैं। गणेश चतुर्थी पर गणेश, शिवजी और पारवती जी की पूजा बड़ी ही धूमधाम से की जाती है। भारत में गणेश चतुर्थी को बहुत ही धूमधाम से मनाया जाता है। गणेश चतुर्थी का त्यौहार कार्यालय हो या स्कूल-कॉलेज हर जगह पर मनाया जाता है।

इस दिन सभी कार्यालयों और शिक्षा संस्थानों को बंद करके भगवान गणेश जी की पूजा की जाती है। बहुत से लोग घरों में श्री गणेश जी की पूजा करते हैं। इस दिन पर सभी भक्त गणेश जी की आरती गाते हैं और भगवान को भोग के रूप में मोदक चढाते हैं। मोदक गणेश जी की बहुत ही पसंदीदा मिठाई है।

इस दिन को सबसे भव्य और बड़े तौर पर भारत के महाराष्ट्र राज्य में मनाया जाता है। महाराष्ट्र में इस त्यौहार को इसलिए धूमधाम से मनाया जाता है क्योंकि बहुत सालों पहले छत्रपति शिवाजी महाराज ने इसकी शुरुआत की थी। गणेश चतुर्थी को सबसे अधिक और जबर्दस्त तरीके से महाराष्ट्र और भारत के सभी हिन्दुओं में मनाया जाता है।

गणेश जी के नाम : गणेश जी के मुख्य रूप से 12 नाम हैं। उनके 12 नामों का वर्णन नारद पुराण में मिलता है। गणेश जी को मुख्य रूप से सुमुख, एकदंत, कपिल, गजकर्ण, लंबोदर, विकट, विघ्न-नाशक, विनायक, धूम्रकेतु, गणाध्यक्ष, भालचंद्र, गजानन आदि नामों से भी पुकारा जाता है।

गणेश जी की पूजाविधि : सुबह-सुबह सबसे पहले नहा-धोकर लाल वस्त्र पहने जाते हैं क्योंकि लाल वस्त्र भगवान गणेश जी को अधिक प्रिय लगते हैं। पूजा के दौरान श्री गणेश जी का मुख उत्तर या पूर्व की दिशा में रखा जाता है। सबसे पहले

पंचामृत से गणेश जी का अभिषेक किया जाता है।

पंचामृत में सबसे पहले दूध से गणेश जी का अभिषेक किया जाता है उसके बाद दही से, फिर घी से, शहद से और अंत में गंगा जल से अभिषेक किया जाता है। गणेश जी पर रोली और कलावा चढाया जाता है। सिंदूर गणेश जी को बहुत अधिक प्रिय होता है इसलिए उनको सिंदूर चढाया जाता है।

रिद्धि-सिद्धि के रूप में दो सुपारी और पान चढ़ाए जाते हैं। इसके बाद फल, पीला कनेर और दूब फूल चढाया जाता है। उसके बाद उनकी मनपसन्द मिठाई मोदक को भोग स्वरूप चढाया जाता है। भोग चढ़ने के बाद सभी परिवारजनों द्वारा मिलकर गणेश जी की आरती गाई जाती है। श्री गणेश जी के 12 नामों का और उनके मंत्रों का उच्चारण किया जाता है।

पौराणिक कथा : माता पारवती भगवान शिवजी की धर्म पत्नी थीं। माता पारवती ने अपने शरीर के मैल को उतारकर एक पुतला बनाया जिसमें उन्होंने प्राण डाल दिए और उससे एक पुत्र को उत्पन्न किया जिनका नाम गणेश रखा गया। एक बार जब माता पारवती स्नान करने गईं थीं तो उन्होंने जाने से पहले अपने पुत्र गणेश को कहा कि जब तक मैं स्नान करके न लौटूं तब तक स्नान घर के अंदर किसी को भी आने मत देना।

वह बालक द्वार पर पहरेदारी करने लगता है। थोड़ी देर बाद शिवजी वहाँ पर पहुंचे थे। गणेश जी को इस बात का पता नहीं था कि शिवजी उनके पिता हैं। गणेश जी ने शिवजी को अंदर जाने से रोका। शिवजी ने गणेश जी को बहुत समझाया लेकिन गणेश जी ने उनकी बात नहीं मानी। क्रोध में आकर शिवजी ने अपने त्रिशूल से गणेश जी का सिर धड से अलग कर दिया।

गणेश जी की दर्द भरी आवाज को सुनकर माता पारवती बाहर आईं तो अपने पुत्र के मृत शरीर को देखकर दुःख से रोने लगीं। क्रोध में आकर माता पारवती जी ने शिवजी को अपने पुत्र को जीवित करने के लिए कह दिया। शिवजी को अपनी गलती का एहसास हुआ लेकिन वे उस अलग किए हुए सिर को वापस नहीं जोड़ सकते थे इसलिए उन्होंने नंदी को आदेश दिया कि धरती पर जिस बच्चे की माँ बच्चे की तरफ पीठ करके सो रही हो उसका सिर काटकर ले आना।

उनको सबसे पहले एक हाथी का बच्चा दिखा जिसकी माँ उसकी तरफ पीठ करके सो रही थी वे उसका सिर काटकर शिवजी के पास ले गए। शिवजी ने अपनी शक्ति के बल पर हाथी के सिर को धड से जोडकर गणेश जी को जीवित कर दिया। उस बच्चे को सभी गणों का स्वामी घोषित कर दिया जाता है तभी से उनका नाम गणपति रख दिया जाता है। तब सभी देवताओं के द्वारा गणेश जी को आशीर्वाद

दिया जाता है।

सबसे पहले गणेश जी की पूजा क्यों होती है : शिवजी ने गणेश जी को आशीर्वाद देते हुए कहा कि जब भी पृथ्वी पर किसी भी नए और अच्छे कार्य की शुरुआत की जाएगी तो वहाँ पर सबसे पहले गणेश जी का नाम लिया जायेगा और गणेश जी की आराधना करने वाले व्यक्ति के सभी दुःख दूर हो जाएंगे। इसी वजह से हम भारतीय जब कुछ भी अच्छा और नया शुरू करने जैसे – विवाह , नए व्यापर की शुरुआत , नया घर प्रवेश , शिशु के पहली बार स्कूल जाने से पहले गणेश जी की पूजा करते हैं। पूजा करते समय सुख-शांति की कामना करते हैं।

गणेश चतुर्थी को मनाने का तरीका : इस दिन को भगवान गणेश जी के जन्मदिन के रूप में मनाया जाता है। यह भारत देश के सभी त्यौहारों में सबसे बड़ा त्यौहार माना जाता है। भारत देश में इस त्यौहार को भाद्रपद माह में शुक्ल पक्ष की चतुर्थी को मनाया जाता है। इस त्यौहार को पूरे 11 दिनों तक मनाया जाता है जिसे पूरा भारत हर्षोल्लास के साथ मनाता है।

गणेश चतुर्थी के दिन बाजारों में बहुत चहल-पहल रहती है। इस दिन बाजारों में श्री गणेश जी की सुंदर मूर्तियाँ और उनके चित्र बिकते हैं। मिट्टी से बनाई गईं श्री गणेश जी की मूर्तियाँ बहुत ही भव्य लगती हैं। सभी लोग गणेश भगवान जी की मूर्ति को अपने-अपने घरों में उचित स्थान पर स्थापित करते हैं।

जिस समय से भगवान गणेश घर में पधारते हैं उसी समय से सारे घर का माहौल भक्तिमय हो जाता है। गणेश चतुर्थी के दिन सभी भक्त अपने घरों , दफ्तरों या शैक्षिक संस्थानों में गणेश जी की मूर्ति को सजाते हैं उस दिन वहाँ पर गणेश जी की आरती और मन्त्रों के उच्चारण के साथ-साथ उनकी पूजा भी करते है।

लोग गणेश जी की पूजा में लाल चन्दन , कपूर , नारियल , गुड , दूर्वा घांस , और उनकी मन पसंद मिठाई का एक विशेष स्थान होता है। लोग भगवान से सुख-शांति की कामना करते हैं और साथ में ज्ञान का दान भी मांगते हैं। पूजा होने के बाद सभी लोगों को प्रसाद दिया जाता है। घरों में पकवान और मिठाईयां बनाई जाती हैं और श्री गणेश जी को भोग स्वरूप चढाई जाती हैं।

लोग मंत्रों का उच्चारण करते हैं और गणेश जी की आरती गाकर गणेश जी की पूजा करते हैं और अपने सभी दुखों को हरने की कामना करते हैं। गणेश चतुर्थी के अवसर पर जगह-जगह पर गणेश पूजा के लिए लोग पंडाल भी लगाते हैं। पूरे पंडाल को फूलों से सजाया जाता है। और गणेश जी की प्रतिमा को स्थापित किया जाता है। हिन्दू धर्म के अनुसार गणेश जी की प्रतिदिन पूजा की जाती है।

उस दिन के बाद दस दिनों तक मूर्ति को वहीं पर रखा जाता है। लोग रोज भगवान के दर्शन के लिए वहाँ पर आते हैं और पूजा भी करते हैं। दस दिनों के बाद गणेश जी की मूर्ति को समुद्र या नदियों में विसर्जित कर दिया जाता है। पूरे धूमधाम और हर्षोल्लास के साथ भगवान गणेश जी की मूर्ति का विसर्जन किया जाता है। इस प्रकार से श्रीगणेश जी की पूजा संपन्न होती है। श्री गणेश भगवान की पूजा के बिना हर पूजा को अधुरा माना जाता है।

चाँद को देखना अशुभ क्यों होता है : गणेश चतुर्थी के दिन चन्द्रमा को देखना अशुभ माना जाता है। इसके पीछे भी एक कथा जुडी हुई है इस कथा के अनुसार एक बार चन्द्रमा ने भगवान गणेश जी के मोटे पेट पर मजाक उड़ाया था जिस पर क्रोधित होकर गणेश जी ने चन्द्रमा को श्राप दे दिया था।

जिसके परिणाम स्वरूप चन्द्रमा काला पड़ गया और जो भी चन्द्रमा को देखेगा उस पर चोरी का आरोप लगेगा। इस बात को सुनकर चन्द्रमा भयभीत हो गया और गणेश जी से श्राप से मुक्ति के लिए आराधना करने लगा। गणेश जी चन्द्रमा की आराधना से खुश हो गए और उन्होंने चन्द्रमा को श्राप से मुक्त कर दिया सिवाय भादवा मास की शुक्ल पक्ष की चतुर्थी के दिन के। इसी लिए ऐसा माना जाता है कि इस दिन जो भी चाँद को देखता है वह कलंक का भागीदारी बनता है।

मूषक वाहन कैसे बने : महामेरु पर्वत पर एक ऋषि रहता था। उस पर्वत पर उसका आश्रम था। उसकी पत्नी अत्यंत सुंदर थी। एक दिन ऋषि लकड़ियाँ लाने के लिए वन में गए हुए थे उस समय वहाँ पर क्रोंच नामक गंधर्व आ पहुंचा था। गंधर्व ऋषि की पत्नी को देखकर व्याकुल हो उठा और उसने ऋषि की पत्नी का हाथ पकड़ लिया उसी समय वहाँ पर ऋषि भी आ गए।

गंधर्व की इस दुष्टता को देखते हुए ऋषि ने उसे श्राप दे दिया। गंधर्व को जब अपनी गलती का एहसास हुआ तो वह ऋषि से रहम की वेदना करने लगा और अपने श्राप को वापस लेने की विनती की। ऋषि ने उनकी इस दशा पर उनसे कहा कि मैं अपने श्राप को वापस तो नहीं ले सकता हूँ लेकिन धरती पर मूषक बनकर श्राप भुगतने में ही तुम्हारी भलाई है। द्वापर युग में पराशर ऋषि के आश्रम भगवान गणपति गजनंद के रूप में अवतार लेगें तुम उनके वहन बनोगे और हमेशा ही सम्मानित किए जाओगे।

उपसंहार : गणेश चतुर्थी के दिन गणेश भगवान को अपने घर में प्रवेश कराकर घर की सभी समस्याओं और कष्टों को दूर किया जाता है। गणेश चतुर्थी महाराष्ट्र राज्य के लोगों का सबसे अधिक पसंदीदा और प्रमुख त्यौहार होता है। यह दिन बहुत ही पवित्र होता है इस लिए इस त्यौहार को बड़े-बड़े अभिनेताओं द्वारा भी

मनाया जाता है।

    उनके व्यक्तित्व में हाथी के गुणों की प्रतिष्ठा की गई है। हाथी में बुद्धि, बल और धैर्य होता है इसलिए गणेशजी की पूजा बल, बुद्धि और धैर्य से संपन्न देवता की पूजा होती है। गणेश चतुर्थी के शुभ अवसर पर हमें उनसे इन्हीं गुणों को धारण करना चाहिए।

11

जन्माष्टमी पर निबंध

जन्माष्टमी पर निबंध

भूमिका : सभी जातियाँ अपने महापुरुषों के जन्म दिवस को बड़ी धूमधाम से मनाती आई है। जन्माष्टमी का त्यौहार सभी हिन्दुओं के लिए एक बहुत ही प्रमुख त्यौहार होता है और इसे हर साल मनाया जाता है। इसे भगवान कृष्ण की जयंती के रूप में मनाया जाता है इसी लिए इसे कृष्ण जन्माष्टमी कहते हैं।

इसे कई अन्य नामों से भी जाना जाता है जैसे – कृष्णाष्टमी , गोकुलाष्टमी , अष्टमी रोहिणी , श्री कृष्ण जयंती , श्री जयंती आदि। भगवान कृष्ण हिन्दू धर्म के भगवान थे। उन्होंने धरती पर मानव रूप में जन्म लिया था जिससे वे मानव जीवन को बचा सकें और मानव के दुखों को दूर कर सकें।

कुछ लोगों का मानना है कि कृष्ण भगवान विष्णु के आठवें अवतार थे। लेकिन अधिकांश लोग इसे जन्माष्टमी ही कहते हैं। जन्माष्टमी को भगवान श्रीकृष्ण के जन्मदिन के रूप में मनाया जाता है। इस पर्व को पूरी दुनिया में बड़ी आस्था और श्रद्धा के साथ मनाया जाता है।

जन्माष्टमी को सिर्फ भारत में ही नहीं बल्कि विदेशों में रहने वाले भारतीय भी बड़ी आस्था और उल्लास के साथ मनाते हैं। श्री कृष्ण युगों-युगों से हमारी आस्था के केंद्र रहे हैं। वे कभी तो यशोदा माँ के लाल होते हैं तो कभी ब्रज के नटखट कान्हा।हिन्दू इस त्यौहार को भगवान विष्णु के अवतार श्री कृष्ण के जन्म के रूप में मनाते हैं।

दिन प्रतिदिन उनके भक्तों की संख्या बढती ही जा रही है। जब संसार में पाप, अत्याचार, द्वेष और घृणा अधिक बढ़ जाते हैं , धर्म का नाश होने लगता है , सज्जन और दीन दुखियों को सताया जाने लगता है तब इस संसार में एक महान

शक्ति अवतार लेती है और धर्म की स्थापना करती है।

श्री कृष्ण ने भी धरती पर तभी अवतार लिया था जब कंस का अत्याचार बहुत अधिक बढ़ गया था और दीन दुखियों को सताया जाने लगा था। उनका स्वरूप देखने में बहुत ही आकर्षक लगता था जिस वजह से सारी गोपियाँ उन पर मोहित थीं। उनके हाथों में बांसुरी और सिर पर मोरपंख लगा हुआ था।

श्री कृष्ण का जन्म : श्री कृष्ण का जन्म रात के 12 बजे उनके मामा कंस के कारागार में हुआ था। हिन्दू कैलेंडर के अनुसार कृष्ण जन्माष्टमी श्रावण माह की कृष्ण पक्ष की अष्टमी के दिन रोहिणी नक्षत्र में पडती है। इनके पिता का नाम वासुदेव और माता का नाम देवकी था। यह त्यौहार अगस्त या सितम्बर में पड़ता है।

कृष्ण जन्माष्टमी से एक दिन पहले सप्तमी के दिन लोग वृत रखते हैं और आधी रात 12 बजे कृष्ण का जन्म होने के बाद घंटियाँ बजाकर श्री कृष्ण की आरती की जाती है। इसके बाद लोग अपने रिश्तेदारों और पड़ोसियों में प्रसाद बाँटकर ख़ुशी प्रकट करते हैं। उसके बाद वे खुद खाना खाते हैं। इस तरह से पूरे दिन वृत रखकर यह त्यौहार मनाया जाता है।

पौराणिक कथा : देवकी कंस की बहन थी और कंस मथुरा का राजा था। उसने मथुरा के राजा और अपने पिता अग्रसेन को जेल में बंदी बना लिया और खुद राजा बन गया था। कंस को अपनी बहन प्राणों से भी प्रिय थी। देवकी का विवाह कंस के मित्र वसुदेव के साथ हुआ था।

कंस बहुत ही अत्याचारी था। जब वह अपनी बहन देवकी को विवाह के बाद रथ पर उसके ससुराल छोड़ने जा रहा था तब एक आकाशवाणी हुई – ‘ जिस बहन को तुम इतने प्यार से विदा कर रहे हो उसकी आठवीं संतान तुम्हारी मौत का कारण बनेगी ‘। इस आकाशवाणी को सुनकर कंस घबरा गया था।

उसने अपनी बहन और उसके पति को कारखाने में बंद कर दिया था। देवकी को सात पुत्र हुए लेकिन कंस ने उन्हें बहुत ही बेहरमी से मार दिया। जब देवकी के आठवें पुत्र का जन्म हुआ था तब कारागार के सारे पहरेदार सोये हुए थे। वसुदेव अपने बच्चे को गोकुल के नन्द बाबा के घर छोड़ आये और उनकी लडकी को लेकर लौट आये।

जब सुबह हुई तो वासुदेव ने उस कन्या को कंस को सौंप दिया था। कंस ने जैसे ही उसे पत्थर पर पटका तो वह लडकी उडकर आकाश में चली गई और जाते-जाते उसने कहा कि तुझे मारने वाला अभी जीवित है और गोकुल पहुंच चुका है। इस आकाशवाणी को सुनकर कंस बहुत घबरा गया था।

उसने कृष्ण को मारने के लिए बहुत प्रयत्न किये। उसने बहुत से राक्षसों को जैसे – पूतना , वकासुर को कृष्ण को मरने के लिए भेजा लेकिन कोई भी कृष्ण को मार नहीं पाया। श्रीकृष्ण ने सभी की हत्या कर दी थी।

जन्माष्टमी का महत्व : हम लोग पहले से ही जानते हैं कि जैसे ही विवाहित जीवन शुरू होता है। हर दंपत्ति की इच्छा होती है कि पूरे जीवन के लिए उसके पास एक अनूठा बच्चा हो। हालाँकि सभी जोड़ों को यह आशीर्वाद मिलता है लेकिन किसी को जल्दी हो जाता है और किसी को कुछ कारणों की वजह से देर में होता है।

मातृत्व उपहार के लिए सभी विवाहित औरतें वृत रखती हैं। ऐसा माना जाता है कि जो जन्माष्टमी के दिन पूरी श्रद्धा और विश्वास के साथ इस वृत को पूरा करती हैं उन्हें इस वृत का फल एक बच्चे के आशिर्वाद के रूप में मिलता है। जो महिलाएं अविवाहित होती हैं वो भविष्य में एक अच्छे बच्चे की कामना के लिए इस दिन का वृत रखती हैं।

जब पति और पत्नी दोनों पूरी श्रद्धा और भक्ति के साथ वृत रखते हैं तो वह अधिक प्रभावकारी होता है। लोग सूर्योदय से पहले उठकर नहा-धोकर साफ-सुथरे वस्त्र पहनकर तैयार हो जाते हैं। उसके बाद ईष्ट देव के सामने पूरी भक्ति और विश्वास के साथ पूजा करते हैं।

वे कृष्ण के मन्दिर जाते हैं और प्रसाद , धूप , बत्ती , दिया , फूल , फल , भोग और चन्दन चढाते हैं। वे भक्त गीतों को गाते हैं और संतान गोपाल मन्त्र का भी जाप करते हैं। बाद में वे कृष्ण जी की मूर्ति की घी के दिए से आरती उतारते हैं और उनसे संतान की प्राप्ति के लिए प्रार्थना करते हैं।

कुछ लोग कृष्ण के जन्म और पूजा के बाद वृत तोड़ते हैं लेकिन कुछ लोग सूर्य के उदय होने पर वृत खोलते हैं। जब भगवान का जन्म हो जाता है उसके बाद भक्ति और पारंपरिक गीत गाये जाते हैं। अगर हम पूरी भक्ति और विश्वास के साथ प्रार्थना करते हैं भगवान श्री कृष्ण उसके सभी पापों और कष्टों को दूर कर देते हैं और हमेशा मानवता की रक्षा करते हैं।

कब और क्यों मनायी जाती है : भगवान श्रीकृष्ण के जन्म दिन को बहुत ही धूम धाम से मनाया जाता है जन्माष्टमी को श्रीकृष्ण के जन्मदिन के रूप में मनाया जाता है। जन्माष्टमी रक्षाबंधन के बाद भाद्रपद माह के कृष्ण पक्ष की अष्टमी तिथि को आती है। श्रीकृष्ण देवकी और वासुदेव के आठवें पुत्र थे।

मथुरा नगरी का राजा कंस था और वह बहुत अत्याचारी था। कंस के अत्याचार दिनों-दिन बढ़ते ही जा रहे थे। एक समय पर आकाशवाणी हुई कि उसकी बहन देवकी का आठवाँ पुत्र उसका वध करेगा। यह आकाशवाणी सुनकर कंस ने अपनी

बहन और उसके पति को कारागार में डाल दिया।

कंस ने एक-एक करके देवकी के सात शिशुओं को मौत के घाट उतार दिया। जब देवकी को आठवीं संतान हुई तो भगवान विष्णु ने वासुदेव को यह आदेश दिया कि वे कृष्ण को गोकुल के यशोदा माँ और नन्द बाबा के पास पहुँचा दे जहाँ पर वह कंस से सुरक्षित रह सकेगा। श्री कृष्ण का पालन-पोषण यशोदा माँ और नन्द बाबा की देखरेख में हुआ। उनके जन्म की ख़ुशी की वजह से ही हर साल जन्माष्टमी का त्यौहार मनाया जाने लगा।

दही-हांड़ी प्रतियोगिता : जन्माष्टमी के दिन देश में कई जगहों पर मटकी फोड़ प्रतियोगिता का भी आयोजन किया जाता है। दही हांड़ी में सभी जगह के बालक भाग लेते हैं। हांड़ी को छाछ और दही से भर दिया जाता है और इसे एक रस्सी की मदद से आसमान में लटका दिया जाता है।

इस मटकी को फोड़ने के लिए बालकों द्वारा प्रयास किया जाता है। दही हांड़ी प्रतियोगिता में जो टीम विजयी होती है उसे उचित इनाम दिया जाता है। जो टीम मटकी को फोड़ने में सफल हो जाती है वह टीम इनाम की हकदार होती है।

लोक रक्षक श्रीकृष्ण : ऐसा कहा जाता है कि जब कृष्ण जी का जन्म हुआ था तब कारखाने के सारे पहरेदार सो गये थे और देवकी और वासुदेव की बेड़ियाँ अपने आप ही खुल गयीं थीं और कारखाने के दरवाजे अपने आप ही खुल गये थे। तब एक आकाशवाणी हुई कि कृष्ण को जल्द से जल्द गोकुल पहुँचा दिया जाये।

उसके बाद कृष्ण के पिता उन्हें सूप में सुलाकर वर्षा ऋतु में उफनती हुई नदी को पर करके गोकुल गये थे और कृष्ण को नन्द के यहाँ छोडकर आये थे। सब लोग इसको कृष्ण का ही चमत्कार मानते हैं। नहीं तो कंस ने कृष्ण के सातों भाइयों को मार दिया था। फिर कृष्ण ने बचपन में कंस और उसके राक्षसों को कैसे मार दिया था।

इसी वजह से लोग उन्हें भगवान का अवतार मानते थे। इसी वजह से लोग उनकी पूजा अर्चना करते हैं। श्री कृष्ण ने गोकुल में रहकर अनेक बाल लीलाएं की थीं। वे अपने ग्वाले दोस्तों के साथ गाय चराने के लिए जाते थे। गोकुल के सभी लोग कृष्ण से बहुत प्यार करते थे। कृष्ण भी सब की सहायता करने के लिए हमेश तत्पर रहते थे।

श्री कृष्ण को गेंद का खेल बहुत प्रिय था। उन्होंने इंद्र के घमंड को चूर-चूर कर दिया था। उन्होंने बड़ी-बड़ी विपत्तियों से ब्रज को बचाया था। श्री कृष्ण ने लोक रक्षा के लिए बहुत से काम किये थे। इसी वजह से वे जनता में बहुत लोकप्रिय हो गये थे।उन्होंने उन्हें अपना मित्र बनाया था जिन्हें समाज में छोटा समझा जाता है।

उन्हीं मित्रों के साथ उन्होंने अपना जीवन बिताया था। उन्होंने लोगों को गायों का महत्व बताया था। गायों की रक्षा और पालन के लिए उन्होंने जनता को उत्साहित किया। इससे खेती की उन्नति भी हुई। इससे गोपालों से लोगों के स्वास्थ्य में बहुत सुधार हुआ। श्री कृष्ण ने कंस का वध किया और उसके बंधन से अपने माता-पिता और नाना को मुक्त किया और अपने नाना को फिर से मथुरा का राजा बनाया था।

मन्दिरों के दृश्य : जिस दिन श्री क्रष्ण जन्माष्टमी होती है उस दिन मन्दिरों को खासतौर पर सजाया जाता है। जिस दिन जन्माष्टमी होती है तब पूरा दिन वृत रखने का विधान होता है। जन्माष्टमी पर सभी लोग 12 बजे तक वृत रखते हैं।जन्माष्टमी के दिन मन्दिरों में झाकियाँ सजाई जाती हैं और भगवान श्री कृष्ण को झूला झुलाया जाता है।

इस दिन रासलीला का भी आयोजन किया जाता है। श्री कृष्ण जन्माष्टमी के दिन हर बच्चे के घर के सामने पालने सजाये जाते हैं। वे उस पालने में छोटे से कृष्ण को सुला देते हैं। कंस का कारखाना बनाकर उसमें देवकी और वासुदेव को बैठा देते हैं और कारखाने के बाहर सिपाही तैनात कर देते हैं।

इसी तरह से कृष्ण के आस-पास अन्य खिलौने रख देते हैं। इन्हें देखने के लिए आस-पास से बहुत से लोग आते हैं। उन लोगों के आस-पास मेला सा लग जाता है जहाँ पर जगह अधिक होती है वहाँ पर झूले और खिलौने बेचने वाले भी आ जाते हैं।बच्चे यहाँ पर पलना देखने के साथ-साथ झूला भी झूलते हैं और खिलौने भी खरीदते हैं।

विशेषकर जन्माष्टमी पर बच्चे बहुत ही उत्साहित होते हैं क्योंकि कई तरह के खिलौने खरीदकर उन्हें पालना सजाना होता है। कई जगहों पर कृष्ण लीला भी की जाती है। इसमें मथुरा का जन्मभूमि मन्दिर और बांकेबिहारी का मन्दिर प्रमुख होता है। बच्चे लोगों को बताते थे कि श्री कृष्ण अपने मित्रों से साथ कैसे गाय चराने जाते थे।

गोपियाँ उन्हें कितना प्यार करती थीं। उनकी बांसुरी की धुन को सुनने के लिए वे सारा काम छोडकर भाग खड़ी होती थीं। इस तरह की कई क्रियाओं की झाँकियाँ इस दिन मन्दिरों में दिखाई देती हैं। मथुरा , वृंदावन और ब्रज के अन्य नगरों में यह त्यौहार बड़ी धूमधाम से मनाया जाता है।

श्री कृष्ण जन्माष्टमी पर तीन -चार दिन पहले से ही मन्दिर सजने शुरू हो जाते हैं।जन्माष्टमी के दिन मन्दिर की शोभा चरमोत्कर्ष पर पहुंच जाता है। बिजली से जलने वाले रंगीन बल्बों से मन्दिरों को सजाया जाता है। कहीं-कहीं

पर झाँकियाँ निकलती हैं जो गली, मोहल्ले और दुकानों से होती हुई मन्दिर तक पहुंचती हैं।

भक्तगणों का सुबह से तांता लगा रहता है जो आधी रात तक थामे नहीं थमता है।इस दिन समाज सेवक भी मन्दिर के कामों को करवाने में मदद करते हैं।जन्माष्टमी के दिन मन्दिर में इतनी भीड़ होती हैं कि लोगों को लाईनों में खड़े होकर भगवान कृष्ण के दर्शन करने पड़ते हैं। सुरक्षा के लिए मन्दिर के बाहर पुलिस खड़ी की जाती है।

उपसंहार : जन्माष्टमी के दिन वृत रखने का विधान है। लोगों को अपने सामर्थ्य के अनुसार वृत रखना चाहिए। भगवान कोई भी हो वह हम से यह नहीं कहता है कि तुम मेरे लिए भूखे रहो इसी वजह से अपनी श्रद्धा के अनुसार वृत करना चाहिए।अगर आप पुरे वृत में कुछ भी नहीं खायेंगे तो आपके स्वास्थ्य पर बुरा असर पड़ सकता है।

इसी वजह से हमे श्री कृष्ण के संदेशों को अपनाना चाहिए। जब जब संसार में कष्ट , पाप , अनाचार और भ्रष्टाचार बढ़ता है उसे खत्म करने के लिए कोई न कोई बड़ी शक्ति भी जरुर जन्म लेती है। इसीलिए मनुष्य को हमेशा सत्कर्म में ही लगे रहना चाहिए।

www.ingramcontent.com/pod-product-compliance
Lightning Source LLC
LaVergne TN
LVHW021737060526
838200LV00052B/3323